朝倉心理学講座 1
海保博之 [監修]

心理学方法論

渡邊芳之 [編]

朝倉書店

●まえがき

　ここ数年，わが国では心理学の方法論や研究法に関する本の出版が相次いでおり，日本語で読めるそうした出版物が，比較的入門的なものから非常に専門的なものまで，多数入手できるようになっている．この本も，そうした多数にさらにひとつを加えようとするものであるが，方法論や研究法に関する本がこれほど多数出版されることには，大きく分けて以下の2つの理由があると考えられる．

　第1に，心理学の方法論や研究法をめぐる状況が急激に変化していることがある．私たち1960年代生まれの心理学者が大学教育を受けた時代には，ごく一部の分野を除けば，心理学が自然科学を範とした客観的方法を用いるべきであることに異論を唱える者は少なかった．そのため，心理学の研究法として許されるものの範囲もそれほど広くなく，研究者が方法の選択に悩むようなことは実際それほど多くなかった．

　それが昨今では，新しい研究法やデータ解析法が続々と開発されるだけでなく，それまで常識であった「客観データに依存した科学」という心理学観自体を批判したり，まったく別の道を示唆するような方法論が数多く提唱されるようになった．その結果，研究者が自分の研究対象や目的に応じて方法論や研究法を選択する自由度が高まったことは非常に望ましいことだが，その反面，研究者には常に新しい方法論，研究法を模索することが求められるようになった．そうした研究者のよりどころとして求められるのが，さまざまな方法論を紹介し，説明する出版物であるのは自然だろう．

　しかし，方法論や研究法についての本がこれほど求められる理由はそれだけではない．第2の理由は，わが国の心理学教育，とくに研究者養成教育が大きく変化したことにある．私が大学院に進学した頃には心理学が専攻できる大学院の数は現在よりかなり限られていて，そうした大学院の多くでは教授を中心とした小講座制の中で，少人数の丁稚奉公的な研究者教育が行われていた．

　そうした大学院教育の中では，方法論や個別の方法論は授業や実習の中で教

育されるものでも，書籍によって学習するものでもなく，指導教員や研究室の先輩から手取り足取り教わるものであるか，あるいは教員や先輩のやっている研究から見よう見まねで学び取るものだった．また，先輩後輩の親密な人間関係の中で私たちは，多くの先輩研究者が自分の目的を達成するためにもがき苦しみながら研究に邁進する姿を目の前でみて，その中から研究の方法論や個別の研究法を「観察学習」していた．そうした意味で，心理学の方法論や研究法は大学院教育の中で自然と身についていくもので，「勉強するもの」ではなかったのである．

こうした大学院教育のあり方が大きく変化したのは平成に入ってからだろう．とくに臨床心理士指定大学院が多数新設された結果，方法論や研究法を自然に学ぶ場となるような環境をもたない大学院がとても多くなった．教員と学生の丁稚奉公的関係もない，研究のあり方を身をもって教えてくれるような先輩もいない，そうした環境で大学院生たちは授業と文献だけを頼りに修士論文を書かなければならず，研究成果をあげて続々と論文を投稿しなければ就職もおぼつかない．

研究誌に投稿される論文の審査などをしていると，こうした変化を痛切に感じる．投稿する前に指導教員でも先輩でも，誰かに一度目を通してもらえばすぐわかるミスをそのまま残した論文が投稿されてくる．しかしこれは投稿者の能力の問題や怠慢などではなくて，論文を書いたときに必ず指導教員が目を通す，研究室の先輩にみてもらう，という文化自体が消滅しつつあるのだ．こうした変化そのものをどう評価するかは別として，大学院生のおかれたこうした環境の中で，方法論や研究法（あるいは論文の書き方）についての出版物が真剣に求められることは，やはり自然なことといえる．

この本では，上記のような現状認識をもとに，次のようなことを編集の方針とした．まず，「心理学方法論」と題しつつも，心理学のさまざまな方法論や個別の研究法を網羅的に紹介したり，比較対照するようなことは目指さない．そのような目的を満たすためには，この本に与えられたページ数はあまりに少ないだけでなく，それはすで多数出版されている類書によって十分に満たされるからである（参考のために，そうした文献を紹介するためのコーナーを巻末に設けた）．

そのかわりに，この本の第1部では心理学の方法論と，それにまつわる問題の全体像を俯瞰するために必要ないくつかのことについて論じた．第1章ではおもにサンプリングの問題，第2章では心理学的方法論の歴史（それも心理学成立以前を中心としたもの），そして第3章では測定の問題がそれである．

ここに書かれていることには，20年前であれば「わざわざ言うまでもないこと」として書かれないままおかれたり，親密な師弟関係や先輩後輩関係の中で，おそらくは酒の席などで教員や先輩研究者からある種の「裏話」とか「ボヤキ」として語られたりするにすぎなかったことが多いかもしれない．しかし私たちが研究者として育ってくる中で，そうした「非公式情報」が果たした役割はとても大きかった．研究者養成の環境が変化する中で，若い世代の研究者にこうした情報をあえて文字にして届けることは，古い時代の教員と院生との関係，先輩後輩関係のよい面を代替するものとして意味があると考える．

そしてこの本の第2部では，実際の研究現場で，自分の研究対象や研究目的に合った方法論，自分のやりたい研究を実現するための研究法を見つけ出すために四苦八苦している現役研究者たちから，「方法」というキーワードを念頭においた研究報告をしてもらった．研究テーマや実際に使われている方法，研究の成果はそれぞれであるけれども，そこで新しい方法論を生み出し，それによる研究成果を世に問おうとしている著者たちの努力は共通している．

ここでは，私たちの世代が大学の薄暗い院生室や研究会で毎日のように見聞きした，先輩たちの新しい研究テーマについての熱っぽい語りや，うまくいかない研究についての失望やグチ，そして辛辣な批評や後輩への励ましなどを再現したかった．それにより，21世紀初頭のわが国における「心理学方法論のありさま」を実際の研究と研究者の姿から浮き彫りにすると同時に，とくに若い研究者，大学院生には，これらの報告を読むことを通じて，自分ならではの研究テーマを見つけること，その研究テーマに必要な方法論や研究法を自分で見つけ出し，改良していくことの面白さと苦しみを知ってもらいたいと考えた．私たちが心理学者としてどう生きるか，という「心理学方法論の根幹」を学んだのは，テキストや文献からではなく，目の前で苦闘する先輩研究者たちの姿からだったからである．

語られなかったことを語る，語らなくてよいと思われていることをあえて語

る，という意味で，この本自体もひとつの「研究」といえるかもしれない．心理学の方法論や研究法を取り扱うほかの文献とはずいぶん違った性質の本ができあがったことだけは確かだが，そのために私がとった方法論が適切なものであったかどうかは，読者の評価をまつしかないだろう．

2007年8月

渡邊芳之

執筆者一覧

渡邊　芳之	帯広畜産大学大学教育センター
サトウタツヤ	立命館大学文学部
尾見　康博	山梨大学教育人間科学部
井上　裕光	千葉県立衛生短期大学
川野　健治	国立精神・神経センター精神保健研究所
篠田　潤子	慶應義塾大学文学部
三井　宏隆	慶應義塾大学文学部
平野　直己	北海道教育大学教育学部札幌校
杉浦　淳吉	愛知教育大学教育学部

(執筆順)

●目　次

第1部　心理学の方法論

1. 心理学と方法 ……………………………………………………[渡邊芳之]… 1
   1.1 方法とは何か　1
   1.2 方法と研究者社会　2
   1.3 サンプリングの問題　9
   1.4 方法を選ぶこと、方法を作ること　26

2. 近代心理学の成立と方法論確立の関係──「心理学的方法」前史序説
   …………………………………………………………[サトウタツヤ]… 30
   2.1 はじめに　30
   2.2 17世紀後半以降の心理学的主題から　33
   2.3 カントの不可能宣言とその歴史的意義　38
   2.4 感覚生理学と精神物理学の方法　46
   2.5 実験を中心にした心理学の成立　55
   2.6 補論　ヴント以後の心理学から　60
   2.7 「方法」前史の意義　62

3. 測定をめぐる問題──いったい何を測定しているのか？ ……[尾見康博]… 68
   3.1 「測定」の辞書的意味と心理学　68
   3.2 「実験」の威力　69
   3.3 人を測ることの意味　72
   3.4 妥当性概念の評価　82
   3.5 質的心理学の可能性　87

第 2 部　研究実践と方法論

4. 教育実践研究のための方法 ……………………………………［井上裕光］… 90
　4.1　はじめに：研究の対象領域とその志向性　90
　4.2　心理学的プロセスとして教員養成教育を考える　91
　4.3　カード構造化法の開発と現場での適用　95
　4.4　実践を支えるためのシステムの開発　102

5. 発達研究における変化──高齢者介護研究を通して　………［川野健治］… 109
　5.1　高齢者介護研究の視点　109
　5.2　介護研究における変化　110
　5.3　状況に応じて構成を変える介護者の目標：質問紙調査　112
　5.4　状況に応じ移動する利用者と介護者の意図：観察研究　115
　5.5　変化における意味の生成：面接調査　118
　5.6　発達研究におけるケア関係という視点　121

6. 社会心理学の方法論的問題──質的データの二段活用
　………………………………………………………［篠田潤子・三井宏隆］… 124
　6.1　理論の対立　124
　6.2　方法・アプローチの選択　126
　6.3　ナラティヴ・アプローチによる質的データの収集　127
　6.4　ナラティヴ（語り）の分析　130
　6.5　質的データの量的分析　131
　6.6　名人芸から作業手続きの標準化へ　136

7. Think Globally, Act Locally!──臨床心理学における地域実践の方法論
　に向けて ………………………………………………………［平野直己］… 139
　7.1　はじめに：実践の方法論について考える　139
　7.2　あるローカルな実践　144
　7.3　実践の多様性と共通性：方法論に向けて　152

7.4　心理臨床実践の方法論に向かって　　156

8. 環境問題へのゲーミングの導入とその展開 ……………［杉浦淳吉］… 160
　8.1　社会心理学から環境問題に取り組む　　160
　8.2　ゲーミングによる研究実践　　161
　8.3　市民活動から社会心理学研究へ　　163
　8.4　説得納得ゲーム（SNG）に盛り込まれた発想　　165
　8.5　環境教育プログラムへの展開　　166
　8.6　行政職員研修への転用　　168
　8.7　SNGの転用とその事例　　170
　8.8　転用における課題　　171
　8.9　ゲーミングによる知識生産　　173

心理学方法論を探求するための文献ガイド　　179

事項索引　　185
人名索引　　188

1. 心理学と方法

1.1 方法とは何か

　この本は「心理学方法論」と題されている．したがってこの本は「心理学」の「方法」について「論じよう」としているわけだ．「方法」について論じるためにはまず，「方法」とは何か，ということから明確にしなくてはならないだろう．私は以前に，方法を「研究の……目的と方法が定まったときに，それに適切な研究を実施するために求められる」ものと定義した（渡邊，2006）．しかし今考えると，この定義はあまりに「研究法」に偏ったもののように思える．

　心理学の方法をもう少しざっくりと定義すれば，「心理学をやっていくために必要なことがら」ということもできるだろう．心理学をやる，ということにはさまざまな要素や側面があり，それらを明示的に示すことは難しい．とはいえ，その中心になるのはやはり「心理学の研究をやる」ことであるから，研究法が心理学の方法の重要な要素であることは疑えない．しかし，心理学をやっていくためには研究をやること，そのための方法以外にも必要なことはたくさんある．

　心理学をやっていくためには心理学者と社会との関係が非常に重要である．1つは一般社会との関係である．心理学をやっていくためには，社会の中に大学や研究所などの研究機関が存在したり，企業などが心理学の研究をする人間を雇用することが重要だし，そこに必要な研究資源が供給されることが必要である．それらを得るためには，心理学は社会から求められる成果を提供すると

ともに，社会に対して心理学の有用性を主張し，納得させなければならない．社会が求めるものを知り，心理学の成果を有効に認知させ，必要なものを手に入れることも，心理学をやっていくために必要な「方法」である．

しかし，心理学をやっていくためにもっと直接に重要な社会は，研究者社会（研究者コミュニティ）である．現代の学問では，研究者は研究者社会を組織し，その中で成果や情報を共有し，相互評価することを介して，外側の一般社会との関係を結ぶことが一般的になっており，研究者個人が直に接する社会はときには研究者社会だけである場合すらある．それだけでなく，研究者社会は研究者が選ぶ研究テーマや用いる研究法をも決定したり，制限したりするから（後述），「研究をやっていく」ということと研究者社会とは切り離せない関係にある．

そこで「心理学方法論」の最初の章となる本章では，心理学の方法をもう少し大きな見地から，とくに研究者社会との関係からとらえ直すとともに，方法論上の大きな問題である「サンプリング」の問題について論じることで，研究者の目的や興味と方法との関係について考えていきたいと思う．

1.2 方法と研究者社会

前にも引用したように，以前に私は方法を「適切な研究を実施するために求められる」ものと定義した上で，方法（研究法）を「研究に用いるデータの種類を規定」し，「データの収集方法を規定」し，「データの分析方法を規定」するものと位置づけた．その上で方法の役割を「研究を進める道具」「研究を刺激し，発想を導くもの」「研究者間のコミュニケーションツール」の3つに整理した（渡邊，2006）．

この整理はやはり「研究法としての方法」にひどく偏ったものであったと思うが，3つめの「研究者間のコミュニケーションツール」という位置づけは，もっと広い意味で方法を考えるときにも役に立つと思うし，方法の本来の意味，つまり「方法は何のためにあるのか」を考える上でとても大切なことを含んでいる．

●**方法が必要になるのはいつか**

そもそも「方法は何のためにあるのか」ということを考える上では，「方法

が必要になるのはいつか」ということを考えることが役に立つ．心理学的な研究の基礎になるのは，心理学者以外の人々もごくふつうにもつであろう，人の心や行動についての素朴な疑問である．「人はなぜスリルを求めるのだろうか」「血液型と性格とには関係があるのだろうか」といった問いは，誰でも自由に問うことができるし，それについて結論を出すことも自由である．そして，その結論がどんなにおかしな論理によって導かれていようと，答えの根拠がどんなに不確かであろうと，何の問題も生じない．このことは決して一般の人に限ったことではなく，心理学者であるわれわれも，自分だけで考えるときには何をどのように考えようと自由である．

その自由が失われるのは，自分の考えや結論を他者に伝達し，理解させようとするときである．もし私が「血液型と性格には関係がある」と誰かに主張するとして，相手が「そうですか」とすぐに納得する可能性は低い．多くの場合「なぜ？ どうしてそういう結論ができるの？」と尋ねられるだろうし，もしそう結論した根拠や論理が説明できなければ，私の主張は受け入れられないだろう．ここで，相手が私に問うていることが広い意味での「方法」なのだ．

つまり，われわれが一人で何かを考えたり，自分で勝手に結論を見つけたりしているときには方法を問われることはないし，われわれ自身も方法など気にしない．しかし，自分の考えや結論を誰かに伝えようとするときに，はじめて方法が問われることになる．反対に考えれば，ここでは方法は「自分の考えや答えによって人を納得させようとするときに必要なもの」ともいうことができ，私が以前に方法を「コミュニケーションツール」であるといったことの根本は，ここにある．

もちろん，方法のそうしたコミュニケーションツール性が最も顕著であるのは研究者社会においてである．研究者とは研究をする人々である．では「研究」とは何か，というのもおもしろいテーマではあるが，ここでは辞書の定義に従って「物事について深く考えたり調べたりして真理を明らかにすること」（『大辞林』第二版）としよう．さて研究者は何を目的に「物事について深く考えたり調べたりして真理を明らかに」しようとするのだろうか．

純粋な知識欲，真理への探究心というのももちろんだが，現実問題として研究者が研究を行う目的は，その研究を発表することによってその研究成果が研究者社会に受け入れられ，公認の知識として知識の殿堂に加えられることにほ

かならない．このとき，どのような研究が研究者社会に受け入れられ公認の知識と評価されるかには，もちろんその研究が明らかにした「真理」の学術的・社会的価値も重要だが，それと同等かそれ以上に重要なのが，その研究の用いた「方法」である．研究成果はそれが「正しい方法」を用いて行われたと認められるときに，はじめて研究者社会に受け入れられるからである．

● 知識の共有と相互評価

もっとも，研究成果の評価において今のように方法が重視されるようになったのはそれほど古い時代ではない．17世紀の科学革命以前の時代には，現在でいう人文社会科学や自然科学の区別に関係なく，研究は今よりずっと個人的なものであった．研究の多くは少数の天才たちによって，天才個人あるいはそのパトロンの個人資産を用いて行われ，もともと発表されることを必ずしも前提とせずに行われた．研究は，天才やそのパトロンの知識欲を満たしたならばそれだけで完結するものだったし，天才たちは自分の研究が他者からどう評価されるかにはほとんど無関心だったのだ．

研究者社会の誕生　こうした研究の姿が大きく変化したのは19世紀から20世紀にかけてである．自然科学の興隆に伴って，それまで少数の天才の領域であった研究が，特定の分野の研究を生業とする多数の職業研究者によって担われるようになった．職業研究者たちは大学などの研究機関に所属し，公的に保証された立場で研究を行い，研究で成果をあげることによってその地位を維持するようになった．

同時に，研究者たちは研究分野ごとに集まり合い，支え合うようになった．研究者社会の誕生である．こうした研究者社会の重要な要素は「知識の共有」と「相互評価」であった．それまで，天才たちが個人的に研究した知識は死蔵されやすく，伝達されにくかったが，研究者社会は学会の開催や学術雑誌の刊行によって知識を集約し，伝達するようになった．このことは同時に，同じ研究を複数の研究者が個別に行うことを抑制し，共通のテーマに複数の研究者が（意識的に，あるいは無意識的に）分業して立ち向かうという近代科学の基本的構造を形成した．

それだけでなく学会や学術雑誌は，研究の成果は第一義的に他の研究者によって評価される，という相互評価のシステムを作りだした．その結果，研究は研究者社会が創設した学会で発表され，ピアレフェリーによって査読される学

術雑誌に掲載されることによってはじめて，意味のあるものとして認められるようになった．研究の価値を研究者社会が決めるようになったのである．

知識フォーマットの統一　　多くの人が知識を共有する上で非常に大切なことの1つは，「知識のフォーマット」の統一である．現代の学問，とくに自然科学では研究論文の圧倒的多数は英語で書かれる．これは20世紀の自然科学研究が英語圏で著しく発展したことの結果であると同時に，用いられる言語という「フォーマット」が統一されることで研究者間の知識の共有が促進されるメリットを世界の研究者が享受していることによる．同じことが，研究法においてもいえる．

19世紀から20世紀にかけての自然科学は，実験に代表される客観的な研究法，統計的検定に代表される数量的・確率論的方法をスタンダードとし，それを実質的にすべての研究者に強制することによって，研究から得られた知識のフォーマットを統一してしまった．同じ分野の研究が研究者によって異なった方法で行われていると，研究結果の意味や価値が方法によって異なってしまい，知識の共有が非効率的になる．20世紀における自然科学の爆発的な発達は，研究法の統一とそれによる知識の効率的な共有，研究者間の研究分業によって達成されたのである．

◉ピアレフェリーと「ジャーナル共同体」

研究法の統一を推進したもう1つの力がピアレフェリーによる相互評価の制度である．自然科学の学術雑誌では19世紀末以降，その雑誌を編集，発行する学会や協会のメンバーである研究者から投稿された論文を，同じメンバーの中から選ばれたレフェリー（審査者，査読者）が審査して，掲載の価値があると認めた論文だけが掲載される制度が一般的になった．この制度は，投稿者とレフェリーが基本的に同じ立場の研究者である，ということに大きな特徴がある．

ピアレフェリーでの「評価」　　ピアレフェリー制度の中で高く評価される研究は，研究の問題や目的がすでに多くの研究者によって共有され，それぞれがそれを解き明かすために研究を進めていることがらについて，それまで得られていなかった情報を与えるような研究であることが多い．最も典型的なのは，論文の著者とレフェリーとが共通に解こうとしている問題について新しい成果をあげた研究を，レフェリーが高く評価するというパターンだろう．

> **事例：メンデルの「再発見」**
>
> 　遺伝という現象自体はよく知られていながら，実際に親から子へと遺伝情報が伝達される仕組みがわかっていなかった時代には，多くの研究者が遺伝の分子生物学的機序を解明しようとしのぎを削っていた．モーガンによる染色体説の証明（1920 年）やワトソンとクリックによる遺伝子構造の解明（1953 年）といった研究成果がすぐに高く評価されたのは，それがほかの多くの研究者がまさに求め続けていた成果だったからだ．
>
> 　一方で，モーガンやワトソンらの成果に直接つながる重要な意義をもつメンデルによる遺伝の法則の報告（1866 年）が，1900 年にド・フリースらによって「再発見」されるまでほとんど埋もれていたのは，メンデルと同じ問題意識をもつ研究者の一群が現れるのに三十数年の月日が必要であったからだ．

　この際，著者とレフェリーとが同じ研究法を用いて研究していれば，研究の評価はますます高くなる．方法が同じであれば，その成果はレフェリー自身が欲しているものとますます一致するからだ．

　しかし，ピアレフェリー評価において研究法が重視される理由はもう 1 つある．先にも述べたようにレフェリーは同僚であって導師でも裁判官でもなく，ましてや神でもないから，研究成果の本質的な価値を直接判断することはできない．メンデルの法則の価値を判断できなかったからといって 1866 年当時の生物学者たちを責めるのは酷だろう．研究成果に本当に価値があるのかどうか，将来その研究がどのように評価されていくのかの判断は，レフェリーには不可能なのだ．

　成果の判断基準としての「研究法」　　そこでレフェリーは，前に述べたようにその研究成果が「待ち望まれている」かどうかに加えて，研究成果が「信用できる」かどうか，得られた知識が「ウソではない」かどうかを基準にして研究の価値を判断しようとする．研究成果が信用できウソではないが（長い目でみて）役に立たない知識である可能性については将来の判断に任せるのである．

　そのときレフェリーがその研究成果の信憑性を判断する基準は，その研究成果が「正しい研究法」によって得られているかどうかになる．もちろん，研究

法の正しさに絶対的な基準などはないから,レフェリーの判断基準はその研究法が自分たち(投稿者およびレフェリー)の所属する研究者社会の一般的な基準からみて正当と思われるかどうか,ということになる.

このとき,ある研究の用いた研究法が正当であると判断されるために最も重要であるのが,「追試が可能である」ことだ.観察や実験の手続きが詳細に記述されているだけでなく,それらの手続きが基本的な訓練を受けていれば誰にでも再現できるようなものであれば,追試ができる.もし論文に書かれた成果がウソであれば,後に誰かが追試をすることでウソが暴かれる.研究成果が重要なものであればあるほど追試を試みる研究者は多いから,ウソも暴かれやすくなって,それにより科学研究全体の信頼性が保たれるのだ.そして,追試の容易さは「一般的な研究法を用いる」ことによって高められる(注1).

注1 その意味で,心理学では追試がほとんどまったく行われていないことは重要である.自然科学において多くの研究者が同じ目標に向かって研究を進めることには,競争と同時に「他人が発見したことは信頼し,その上に蓄積するものとして自分の研究を行う」という相互協力の精神が含まれており,そうした信頼を保証しているのが追試という営みである.心理学が追試を行わないのは,それが形式上は自然科学の手続きを取り入れていても,研究へのスタンスはあくまでも人文科学であり,知識の蓄積が研究者個人の内部でしか成り立ちにくいからである.だから分業と蓄積が成り立たず,同じような研究を複数の人が繰り返すようになる.

「ジャーナル共同体」の成立 ピアレフェリー制度のこうした特徴から,学術雑誌には研究者社会が待ち望む結果を,研究者社会で一般的である方法で得ることのできた研究ほど掲載されやすくなる.科学の発展に伴って学術雑誌に掲載される論文だけが研究業績とみなされ,研究業績が多い研究者ほど社会的にも経済的にも優遇されるようになるにつれて,ピアレフェリー制度と学術雑誌のこうした特徴が,研究者が何をどのように研究するかに大きく影響するようになった.科学技術社会論でいう「ジャーナル共同体」(藤垣,2003)の成立である.

20世紀の初頭までに,自然科学の研究法は全体としては実験を中心とした再現可能な手続きと,事象の数量的表現と統計的分析を中心にした客観的なデータ分析に収斂するとともに,各研究分野ごとに標準的な研究方法の範囲がある程度定まって,その範囲内で発見された知識が爆発的に蓄積されるようになった.このことにより,研究者社会における「研究言語=方法」に標準語が規

定され，標準語で書かれない研究，標準語を話さない研究者は評価されにくくなった．先にも述べたように，このことは現在の自然科学で英語以外の言語で書かれた研究論文がほとんど注目されないこととよく似ている．研究言語を統一することで，知識の蓄積はより効率化し，高度化していったのである．

●研究者教育と研究法

研究者社会と研究法とのこうした密接な関係は，研究者を育てるための教育によってもますます強められてきた．そもそも自然科学の研究者の養成ということが組織的に行われるようになったのは，天才の時代が終わって職業研究者が登場し，研究者社会が作られるようになったのと同じ19世紀の末である．世界の大学に自然科学の研究と研究者養成を専門に行う「理学部（Faculty of Science）」が続々と作られ，そこで研究者が養成されるようになった．

研究者養成において教える必要があるのは，それまで蓄積された研究成果や知識だけではない．そうした知識を前提として自分自身で研究を行い，新しい事実を発見して知識の蓄積に貢献してはじめて，人は研究者と呼ばれるようになる．したがって研究者の養成には，研究法の教育が欠かせないのである．

そして，大学における研究者養成教育は，現役の研究者によって行われることが原則であった．現役の研究者たる大学教授は，研究者社会で受け入れられる業績をあげていればあげているほど，教育者としても高級であるとみなされた．大学における研究者の養成は，比較的最近まで少人数の，丁稚奉公スタイルで行われてきたため，学生は自然と教授が実際に研究に用いている研究法を身につけることが多かった．このことは同時に，学生が教授と同じように研究者社会で受け入れられる研究業績をあげ，一人前の研究者として巣立っていくために最も効率的な教育法でもあったのだ．

「ジャーナル共同体」に支えられる知識の共有と相互評価，そして研究者教育のあり方が，その研究者社会で標準的なものへの研究法の収斂を引き起こす，という構造は，20世紀の初めには実験心理学を中心に，ほとんどそのまま心理学へと取り入れられた．われわれ20世紀の半ば前後に生まれた世代の心理学者は，心理学知識の教育と研究法の教育を2つの軸としたカリキュラムで学び，卒業論文や修士論文を書くために教授やその他の教員が実際に用いている方法を見よう見まねでまねながら研究者への道を進んだが，こうした教育システムはさまざまな面で自然科学で一般的なものと共通なものであった．

こうした教育を通じて，われわれは心理学の標準語を学び，標準語で研究できる研究テーマだけを選択するようになったし，そのことが研究誌への掲載などによって心理学の研究者社会に受け入れられる研究業績をあげて，心理学者として独り立ちし活躍していくための唯一の道であると信じるようになった．

このことに疑問を感じ，どうして研究対象や目的に合わせて方法を選んだり，創造したりしてはいけないのかと思う人は少なかったし，もし気づくにしても，それには相当の時間を要する場合が多かった．自分も含めた多くの人々に共有された社会的現実，という構築物を「脱構築」することは誰にでも難しいことなのである．

1.3　サンプリングの問題

ここまでは研究者社会と方法との問題について考えてきた．次に，研究者社会がどのような方法を妥当とするのか，という問題を考えるために，心理学の方法論上の大きな問題の1つについて検討してみよう．

ここで取り上げるのは「サンプリングの問題」である．サンプリングとは「母集団からサンプルを抽出すること」であり，後にくわしく述べるように，心理学の研究が（その方法が質的であれ量的であれ，実験的であれ臨床的であれ）ほとんど例外なく（意識的にであれ，無意識的にであれ）行っていることである．そして，サンプリングの問題について考えることは「研究によって得られた知識の一般化」という重要な問題と深く結びついている．

●**心理学とサンプリング**

実験心理学的な研究を例にとると，サンプリングの必要性と過程は理解しやすい．知覚心理学や学習心理学の研究対象は特定の人間だけに生じる特定の現象ではなく，時空を超えた「人間という生物すべて」が共有している能力や機構である．しかし知覚心理学や学習心理学が，その対象である「人間という生物すべて」を対象に実験を行うことは，実際的にも，また原理的にも不可能である．人間の数はあまりにも多く，あまりにも広い空間に散らばりすぎており，また過去に生きた人間は，すでにこの世から消え去ってしまっているからである．

サンプリングの必要性　　人間すべてについて研究したいが，人間すべてを

対象に実験を行うことができないとしたら，できることは「現実的に実験できる数の人間に対して実験を行うこと」である．つまり人間全体という「母集団」から一定数の人間を「サンプル（標本）」として抽出し，サンプルを対象に行った実験の結果から，母集団全体の性質を推測しようとするのである．そして，なんらかの論理あるいは手続きによって，サンプルのありさまが母集団のありさまを正しく反映している（母集団を代表している）と保証されるときに限って，そうした推測は正しいものとされる．すなわち「一般化」されるのである．

サンプリングとは何か　このように，母集団に一般化できる知識を実際に研究可能な数のサンプルから得るために，母集団からサンプルを抽出するという営み，そしてそのために用いられる方法を「サンプリング」と呼ぶ．実験心理学に限らず，人間全体にある程度共通している特徴や，人間全体とまではいかなくても特定の社会集団，年齢集団などに共通の特徴を解明しようとする心理学はほとんどの場合，対象となる集団の全員を実験や調査などの対象にすることはできないから，同様に母集団からのサンプリング，サンプルに対する実験や調査，その結果の母集団への一般化という手続きをとる．

　症例研究，ケース研究など，特定の時空において特定の個人にだけ生じる現象だけを研究対象にしているようにみえる臨床心理学的な研究も，サンプリングと無関係ではない．もっとも，心理臨床の実践として行われている活動は特定のクライエントの問題解決を目的としており，そのクライエントをサンプルとして母集団を推測することは目的ではない．しかし，そうした実践の知識や情報がひとたび「研究」という枠組みを与えられたときには，そうした知識や情報は「サンプル」としての性質をもちはじめる．研究として発表される症例報告（症例研究）は，それと類似した多くの症例という「母集団」を代表する「サンプル」として提示され，そこに示された知識はそれらの症例を理解し，症例に対応するための情報となる（つまり母集団に一般化される）ことが想定されているのである．

　類似したことは最近影響力を増している「質的研究」についてもいえる．心理学における質的研究は，その研究に用いるデータが質的であるということと同時に，比較的少数の対象を，その対象を取り囲む文脈も含めて詳細に記述していくという手法をとることが多い．そのため質的研究もまたケース研究的な

性質をもちやすい（なぜそうなるのか，という事情や意図は臨床心理学とはかなり違う場合もあるにしても）．

しかし，質的研究もそれが究極的に目指しているのは，そうした少数事例の深い記述を通じて，その事例の外側にいる人々，外側にある事実についても理解できる解釈枠組みを提供することだろう．このとき質的研究の対象となる人または事実はサンプルであり，そこからなんらかの母集団への一般化が意図されているといえる（質的方法とサンプリングとの関係については p.21「事例研究と質的方法」でよりくわしく述べる）．

同じことは，心理学のように自然科学を志向した方法論を伴わない，人文科学的な研究においてもいえるだろう．特定の作者の特定の作品についての文学研究は，その作者の作品全体を解釈する枠組みを必ず示そうとするだろうし，多くの場合は別の作者の作品も含めた「文学全体」への視座を含んでいるはずだ．

もっとも，そうした研究が必ず最初から作品群や文学全体という「母集団」を意識し，そこから抽出されたサンプルとしてある特定の作品を分析しているわけではないだろう．心理学の事例研究においても，最初から特定の母集団を特定し，意識して事例を分析していることは少ない．しかし，そうした分析が「研究」という姿をとっていく過程では必ず，作品や事例の分析結果をもっと大きな事実の集合へ一般化することが意識される．いわば，事例は最初からサンプルとして抽出されるのではなく，研究されることによってサンプルとしての性質をもたされるのだ（注2）．

注2 こうした過程は，サンプル抽出の時点で母集団が意識されていないという点で，社会調査などでいう本来的な意味でのサンプリング，標本調査法の論理とはたしかに異なる．しかし，推測統計学的な手法を用いる心理学研究においても，データの収集時に特定の母集団がきちんと意識されていることは実際にはそれほど多くはないし，母集団について「無記」である論文が非常に多い（葛西，2005）．こうしたことについて尾見・川野（1996）は，心理学研究における推測統計は実際には標本調査としての性質をもたないので，現象の記述の一形式としてその用法を見直すべきだとしている．

というよりも，前にも述べたように「研究」という営み自体が研究者間のコミュニケーション，研究者社会や一般社会に共有される知識の蓄積を目的としている以上，研究成果は単なる「事例」であることはできず，その研究者以外

の研究者や人々の目の前にある現象や事実の集合という「母集団」に一般化されることを前提としているのだ，ということもできる．

その意味で，想定された母集団に含まれるすべての個体をもれなく対象として直接調べている研究でない限りは，心理学であれ自然科学であれ人文科学であれ，あらゆる研究はすべてサンプリングの過程と，サンプルから母集団への一般化の過程を，明示的であれ非明示的であれ，あるいは意識的であれ無意識的であれ，含んでいるといってよいだろう．

◉サンプリングとサンプルの代表性

ランダムサンプリングの位置　しかし，心理学の方法論を考えるときに「サンプリング」ということばがこれまで述べたような，心理学研究すべてに共通する手続きとして取り上げられることは少ない．ふつうは統計的検定のような推測統計学的手法を用いる研究において，推測統計の前提となる「母集団全体からの偏りのないサンプル」を得るための手法，すなわち「ランダムサンプリングの方法」について述べている場合が多いだろう．このことは，心理学研究で行われるサンプリングにおいて，ランダムサンプリング（無作為抽出）がなんらかの特権的立場にあることを示している．

とくに量的なデータに基づく研究においては，それが実験的な研究であれ，調査研究であれ，研究対象となる個体数（サンプル数）は多ければ多いほどよく，またそれらのサンプルはランダムサンプリングされているものがよいとされる．サンプル数が多い方がよいのは，サンプルの数が増えれば増えるほどサンプルの統計値が母集団の統計値（母数）に近づき，サンプルが母集団のありさまを正確に反映する確率が向上する（代表性が高まる）からだし，より実際的な理由としては，サンプル数が多いほど得られた研究結果についての統計的検定が有意になりやすいからである（注3）．

注3　もちろん，この2つは同じことの異なった表現にすぎない．また，統計的検定を前提にする場合にはサンプル数の多さがいわゆる第1種の過誤と第2種の過誤を同時に小さくするのに役立つことも重要である．もっとも，最近では「検出力」などの統計学的概念を援用して，予想される研究結果を適切に検定するために必要なサンプル数を逆算し，不要に多くのサンプルを集めないことが一般化してきた．このことは経済的であるだけでなく倫理的な問題を小さくするし，何よりもデータの収集以前にきちんとした研究計画を立案することを促すという点で望ましい．

では，サンプルがランダムサンプリングされていることが望ましいのはなぜ

だろうか．統計的検定などの推測統計学の手法がランダムサンプリングされたデータを前提としているから，というのは1つの簡潔かつ正しい答だ（注4）．しかしここでは，ランダムサンプリングがいったい何を目指して行われているのかを，人間を対象にした研究を例にとってもう少しくわしく考えてみよう．

注4 心理学の研究の多くが，推測統計学を利用していながら実際にはランダムサンプリングされたサンプルを用いていない，という問題はよく指摘されるし，心理学の研究がランダムサンプリングの手続きを経ていない場合が多いという意味では事実である．しかし，そうした研究の多くは手続き的にはランダムサンプリングを行っていなくても，なんらかの意味でサンプルのランダム性を仮定することで推測統計学を利用しており，問題はランダムサンプリングしていないことよりむしろ，そのランダム性の仮定の正否にあるともいえる．

ランダムサンプリングの人間観　　ランダムサンプリングを前提とするような研究は，人間を「変数の束（the bunch of variables）」のようなものと考える人間観をもっている．そうした研究の研究対象は一人の人間の全体ではなく，人間を構成するさまざまな「変数」（人によって値の変化するもの）のうちどれか特定のものであり，研究の目的はその変数の「値」を決める要因（これもまた変数である）や，その変数の値とほかの変数の値との相関的関係である．そうした志向をとる心理学者が研究するのは「渡邊芳之について」でも「ラフカディオ・ハーンについて」でもなく，例えば「視覚刺激の呈示方法と反応時間との関係について」であり「内発的動機づけを規定する要因について」である．

ここでは人間を研究することは，人間を構成する変数について研究することであるし，求められる成果は個人についての知識ではなく，特定の変数についての人間全体に一般化できる知識である．いいかえれば，こうした研究は人間を構成するさまざまな変数のあり方には，想定した母集団に属するすべての人に一般化できる「真実」があると考えており，研究の目的はサンプルを調べて得られた統計値から，母集団における真の値（母数）を推定することにあるといえる．

ランダムサンプリングの必要性　　さて，人間についてこうした研究を行って，一般化できる知識を得ようとするときに大きな障壁になるのが，個体差と文脈（環境や状況）の影響である．このことが，サンプリングの問題やランダムサンプリングの必要性を生み出す．

物理学や化学ではサンプリングの問題はあまり生じない．これは，物理学が対象とするような「物質」の個体差は多くの場合無視できる範囲だし，物理現象の生起は（量子力学レベルで考えない限り）文脈の影響を大きく受けることがないから，実験が正しく行われている限り，あるサンプルを用いた実験によって得られた知識をそのまま一般化しても問題は生じないからである．同じ高さから落とした鉄の玉が落ちるスピードが玉によって（確率的な誤差の範囲以上に）違うことはないし，そのスピードは日本でもアメリカでも，今日も明日もほぼ一定である．また，同じ鉄の玉を強い酸の中に入れれば必ず溶け，玉によって溶けたり溶けなかったりはしない．

　一方，推測統計学が農学，生物学や医学といった生命科学の分野で発展したのは，それらの科学の研究対象が大きな個体差をもつと同時に，文脈の影響を大きく受ける「生物」であったからだ．何個かの大豆の種を実験して得られた情報は，すべての大豆に一般化できるかもしれないが，たまたま実験した種だけがそうであっただけかもしれない．また，ある畑である肥料が大豆の発育によい効果をあげたとしても，それはその畑に限ったことであり，ほかの畑ではそうでないかもしれない．

　つまり，研究対象としたサンプルが個体差をもち，文脈の影響を受ける以上，サンプルの性質がなんらかの理由で特定の方向に偏っていて，そこで得られた情報が母集団の「真の値」を正しく代表していない可能性を否定できないのである．これが（狭い意味での）サンプリングの問題である．こうした問題が，畑の大豆を対象にするときよりも，社会環境の中で暮らしている人間を対象にするときの方がずっと大きくなることは，容易に想像できるだろう．

　サンプリングの問題を解決するために，手元にあるサンプルから得られた統計値が，母集団の真の統計値（母数）をどのくらい正確に反映しているかを確率論的に推測する方法が開発された．これが推測統計学であり，その代表的な手法が，現在心理学でもたいへんよく使われている統計的検定である．

　統計的検定では，サンプルが母集団からランダムサンプリングされていることを前提に，母集団ではそうでないにもかかわらずある統計値がサンプルで偶然に生じる確率（危険率）を，その統計値やサンプル数から数学的に計算し，その確率が十分に小さい（一般には 5% 以下である）場合に，その標本統計値が母数をよく代表していると推測する．そして，危険率が小さければ小さいほ

ど，その推測は確かになると考える．このとき，この手続きがランダムサンプリングを前提にするのはなぜなのだろうか．

◉ランダムサンプリングの効果

ランダムサンプリングの目的　ランダムサンプリング（無作為抽出）とは，サンプルが母集団全体から偏りなく抽出されるようにする手続きのことである．具体的には，サンプルの一つ一つが母集団から抽出されるときに，母集団に属するすべての個体が同じ確率でサンプルとして抽出されうるような抽出方法（乱数表を用いて抽出する，など）をとることで，ランダムサンプリングは実現できる．

いいかえれば，サンプルはそれぞれ「何の理由もなく」母集団から偶然に抽出されなければならず，これが「無作為」といわれる理由である．ランダムサンプリングの最大の目的は，研究が直接対象にしていない変数が研究データに与える影響を「誤差」と考えた上で，この誤差の影響をできるだけ小さくすることにある．

個体差の影響の軽減　ランダムサンプリングを行うことによって，まずサンプルの個体差による影響を軽減できる．例えば居住地域と身長との関係を調べようとするときに，なんらかの理由（無作為でないこと）によって，ある地域では身長が高めの人が選ばれ，別の地域では低めの人が選ばれてしまったら，得られた統計値に地域差があっても，それを母集団に一般化することはできない．このとき，「誤差」である身長の個体差はそれぞれの地域である平均値を中心に正規分布する（平均より高い人の数と同じ数だけ平均より低い人もいる）と考えると，ランダムサンプリングを行えば身長が高めの人が抽出されるのと同じ確率で身長が低めの人も抽出されることが期待されるから，プラスマイナスで個人差は相殺され，サンプルの平均値はそれぞれの地域の住民の真の平均値に近づく．この条件のもとでも身長に地域差がみられたならば，その地域差は実際の地域差を反映している可能性が高まる．

同じことは，変数間の関係についてもいえる．家庭での勉強時間と成績との関係を調べようとするときにも，個人によって勉強時間が成績に反映しやすい人，しにくい人がいることが予想される．サンプリングがそのうちのどちらかに偏れば，サンプルでみられた2変数の関係は，母集団における真の値より強くなったり，弱くなったりしてしまい，母数を正しく推定することができな

い．このときも変数間の関係における個体差が正規分布すると仮定すれば，ランダムサンプリングによって個体差が相殺され，サンプルでみられる関係が母集団での真の関係により近似することが期待できる．

文脈の影響の相殺　ランダムサンプリングによって軽減できるのは個体差の影響だけではない．個人をとりまく文脈の影響も，ランダムサンプリングによって相殺することができる．先の勉強時間と成績との関係の例をもう一度考えてみよう．勉強時間と成績との関係には学習内容や家庭環境，学校の授業内容や指導など，多くの環境的/状況的変数が影響を与えると考えられる．もしサンプルが母集団のうち特定の文脈を共有する個人に偏るようなこと（例えば数学の勉強をしている生徒に偏る，親の学歴が高い生徒に偏る，進学校の生徒に偏る，など）があると，2つの変数の関係は母集団におけるそれを正確に反映しにくくなるだろう．

このとき，文脈の影響が個人間で偶然の確率で変移すると仮定すれば，ランダムサンプリングすることで，文脈の影響を相殺することができる．ランダムサンプリングされたサンプルでは，数学を勉強する生徒も国語を勉強する生徒も（母集団での比率には影響されるにせよ）同じ確率で抽出されるし，親の学歴が高い生徒が抽出される確率とそうでない生徒が抽出される確率は同じである．結果として，ランダムサンプリングされたサンプルでは，標本統計値と母数との対応を悪くさせるような個人的文脈の影響は平均化され，無視できるようになる．

ランダムサンプリングの思想　このように，ランダムサンプリングを行うことによって，サンプルの個体差の与える影響や，個人をとりまく文脈の影響などの誤差を相殺することができ，サンプルで得られた統計値が母集団の真の値と一致する可能性が高められる．このことが保証されてはじめて，統計的検定などの手続きを用いて，サンプルで得られた統計値が母集団を正しく代表している確率（正確には代表していない確率）を数学的に推定することができるようになるのである．

ランダムサンプリングの考え方は，先に述べたように人間存在をさまざまな内的/外的変数の束と考えた上で，研究の対象となる変数以外の内的変数や外的変数を確率的な誤差として平均化しコントロールすることで，研究対象である変数のありさまや，変数間の関係だけを純粋化してとりだそうとする営みで

あるともいえる．

このことは，先に述べた「研究対象は変数であって人間ではない」こととも結びつく．人間存在は自然な状態では無数の内的/外的変数の相互作用の産物である．自然な人間存在においてはそれらの変数にはすべて「意味がある」のであって，どれかには意味があってどれかは誤差であるというように区別できるものではない．しかし，ひとたび人間が心理学研究の対象として扱われるようになると，人間存在はそれを構成する変数一つ一つに細分されて認識されると同時に，それらの変数は研究の対象である少数の「意味のある変数」と，ランダムサンプリングによって平均化されコントロールされるべき多数の「誤差変数」に分割される．そして，実験や調査によって個人から得られるデータは，その個人が属していると仮定される母集団全体における「真の値」＝母数の1つの指標としての意味しかもたなくなり，研究の中で個人は抹消される．いいかえれば，ランダムサンプリングは研究のためのサンプルから個人を抹消するための手続きなのである．

● **心理学とランダムサンプリング**

自然現象に共通の法則，ある物質や生物種に共通の特徴や性質を見いだすことが目標となる自然科学では，ランダムサンプリングの思想が確定するより以前から，研究の目標は「真実の発見」つまり母集団における真の値の発見であり，個別事例は全体を推測するための指標もしくは材料と考えられていた．したがって，ランダムサンプリングの思想は自然科学の目的とよく一致しており，ランダムサンプリングを前提とした確率論的，推測統計学的な研究方法はすぐに生命科学のあらゆる分野に受け入れられるようになったし，現在では物理学や化学など本来は「真実」を決定論的にとらえがちであった分野でも必要に応じて用いられるようになっている．

ランダムサンプリングの心理学への導入と批判　こうした研究方法が，自然科学だけでなく心理学も含む人文社会科学にとっても非常に有意義であったことは，それらの研究対象が生命科学の対象と同様に，大きな個体差を前提にし，文脈の影響を無視できないものであることを考えれば当然である．しかし，そうした人文社会科学が，自然科学と同様に時空を超えて一般的な法則の発見を目的としており，個別事例をそうした一般法則の指標と考えてきたのかというと，必ずしもそうではないだろう．

このことが，人文社会科学における推測統計学とランダムサンプリングの利用が，さまざまな場面で反発を受け，批判されてきたことの原因ではないだろうか．もちろん，20世紀の主流派心理学のように，自然科学的な方法を利用するだけでなく，研究の目的や学問の存在意義自体も自然科学的なもの，すなわち「一般法則の発見」に衣替えしてしまうことは，1つの解決法であっただろう．

　知覚心理学での状況　もっとも，自然科学的な志向性をもった心理学が常にランダムサンプリングを用いてきたわけではない．知覚心理学のように最も強い自然科学志向をもった心理学は，むしろ物理学を志向することで，ランダムサンプリングや推測統計学とは距離をおいた．とくにヴントら初期の知覚心理学者が研究対象としたのは，錯視のように誰にでも「大きな効果（large effect）」が生じ，個体差が小さいだけでなく，文脈の影響も受けにくい現象であったからである．そのため知覚心理学はランダムサンプリングは行わず，物理学のように実験とその追試を繰り返すことによって一般法則を見いだそうとしたし，それは一定の成功を収めた．

　しかし現在では，知覚心理学の分野でもランダムサンプリングや推測統計が一般的に用いられるようになった．ポップルとレヴィは，こうした変化は研究の蓄積によって知覚心理学における「大きな効果」がおよそ発見されつくし，個体差や文脈の影響を受けやすい「小さな効果（small effect）」に研究者の興味が移行していったことに起因するとしている（Popple & Levi, 2000）．

　認知心理学の発展に大きく寄与した「反応時間」を指標とした研究などをみれば，そうした小さな効果がランダムサンプリングと推測統計を必要とした事情はよくわかる．また，もともと個体差と文脈の影響を受けやすい小さな効果を主な研究対象にしていた非実験系の心理学，とくに社会心理学がランダムサンプリングに大きく依存するようになったのは当然のことである．

　しかし，20世紀の心理学のあり方が再評価され，心理学が「科学」を自称することの意味が見直されるにつれて，そうした分野においてもランダムサンプリングや推測統計が「常に」妥当な研究方法であったのかという疑問がわきあがってくるのは，しかたのないことであったかもしれない．このことは同時に，サンプリングと，それによって抽出されたサンプルの代表性という問題についても再考を求めることになった．

●ランダムでないサンプリング

　先にも述べたように，心理学の研究はその研究領域や目的にかかわらず，なんらかの形でサンプリングを行っているし，それによって得られたサンプルについて研究することを通じて，なんらかの母集団に一般化できる知識を得ようとしている．そこで問題となるのがサンプルの代表性，つまりサンプルが母集団を正しく代表しているのかということであり，サンプルの代表性をどのように高めるか，ということがサンプリングの問題である．p.15「ランダムサンプリングの効果」で述べたランダムサンプリングは，個人差や文脈の影響を確率的に平均化することによって，サンプルの代表性を高めようとする方略であった．

　しかし，こうしたランダムサンプリングの考え方や，それを前提にした推測統計学の方法が，心理学のすべての領域，すべての対象に対して利用可能であり，かつ適切であるわけではないかもしれないことも，先に述べた．では，どのような場合にランダムサンプリングが利用不能になったり，あるいは不適切になったりするのだろうか．それは，研究対象となるような特徴や経験を有している人がただ一人，あるいは非常に少ないような場合であり，その最も典型的なものは「伝記的な研究」である．

　伝記的研究における代表性　　心理学における伝記的研究の最も代表的なものは，オルポートによる「ジェニーからの手紙」（Allport, 1965）であろう．この研究でオルポートは，ある女性が 11 年半にわたって友人に書き送った合計 301 通の手紙を分析した．日本語訳に添えられた「本書の内容」では，その成果を「これらの手紙は，全体として，中年期から老年期へと向かうひとりの女性の生活と意見，死に別れた夫との間のたったひとりの息子への深い愛と憎しみ，人間関係の葛藤，社会的事件への屈折した反応と読書や絵画へのひたむきな愛着などを赤裸々に語りつくして，それ自体非常に興味深いヒューマンドキュメントとなっている……」としている．私も含めて，この研究を読む者は研究材料となった手紙そのものの圧倒的な情報量だけでなく，手紙を通じたオルポートの深い人間理解に感銘を受ける．

　このオルポートの研究は「事例研究」である．先にも述べたように，事例の報告もそれが「研究」と位置づけられるときには単なる事例の記述にとどまらず，それをもっと大きな母集団から抽出されたサンプルと位置づけて，母集団

に一般化できる知識を提示しようとする．この研究でも，女性ジェニーの手紙の分析がジェニー以外の「中年期から老年期へと向かう女性」の心理や，もっと一般的な夫婦関係や親子関係，個人と社会との関係などを理解する助けになるからこそ，研究としての価値をもつのである．

この研究がランダムサンプリングを行っていない（あるいは推測統計学の手続きをとっていない）から母集団に一般化できないと主張することはナンセンスだろう．ジェニー・ゴーブ・マスターソンという女性は，とくにオルポートが分析した手紙を書いたジェニーはこの世に一人しかいない．また，11年間にただ一人の友人に300通以上の手紙を書き，かつそのすべてが現存している女性もただ一人か，いたとしてもごく少数なのである．

● サンプリングと個人の時間・歴史

オルポートがこの研究成果を一般化すべき母集団をどのように推定したかは明らかでないにしても，母集団からのランダムサンプリングによってこのような女性と大量の手紙が「たまたま」抽出されてくる可能性はほとんどなく，ましてや推測統計を行うのに十分な人数が抽出される可能性は「ゼロ」である．現実的にランダムサンプリングできないだけでなく，このデータと研究にはランダムサンプリングの思想自体が適合しない．オルポートが記述しようとしたのはランダムサンプリングでは平均化され，相殺されてしまう個人であり，個人をとりまく文脈であり，そして個人の「歴史」であるからだ．

p.15「ランダムサンプリングの効果」ではあえて述べなかったが，ランダムサンプリングが平均化し相殺しているのは個体差と個人の文脈（環境，状況）だけではない．そこでは個人にかかわる時間と歴史も平均化され，相殺されている．個人は出生から死までの長い時間/歴史を生きているが，その個人がサンプルとして抽出されたときに，個人からのデータ収集がその個人史全体を通じて行われることはない．データは「研究者に観察される」「実験に参加する」「質問紙に回答する」というように個人の歴史と研究とが交差する，比較的短い時間に収集され，その時間の外側の個人はデータ収集の対象にならない．つまりサンプルを研究することは，サンプルとして抽出された個人の「時間を切り取る」ことになる．

困ったことに，切り取られた時間がもつ性質は，切り取られた前後の時間の性質，もっとさかのぼった個人史の性質によって大きく変化する可能性をも

つ．例えば同じ質問紙の同じ項目に回答しても，その日の朝に家族とけんかして嫌な気分だった人と，久しぶりに朝寝ができて気分上々の人とでは回答が変わってくる可能性がある．また，回答の直後に嫌な仕事が待ち構えている人と，あとは寝るだけの人とでも回答は違うかもしれない．

しかしランダムサンプリングでは，こうしたデータ収集の前後の時間がもつ性質も確率的に分布し，ランダムサンプリングで相殺できると考える．嫌な気分で実験に参加する人がいる確率と，気分爽快で実験に参加する人がいる確率は同じだから，そうした影響はランダムサンプリングで平均化されるのである．ここでも，ランダムサンプリングは本来は「歴史的存在」である個人とその歴史を，研究データの中から消し去ろうとするのである．

◉**事例研究と質的方法**

最近になって，多くの心理学者がランダムサンプリングや推測統計学的な方法が心理学にもつ意味を問い直すようになったのは，ランダムサンプリングでは「誤差」として消し去られてしまう個人や個人差，個人をとりまく文脈，そして歴史的存在としての個人に，心理学が再び強い興味をもつようになったことと関係している．

発達心理学と臨床心理学の伝統　　もっとも，推測統計学的心理学の最盛期にあっても，歴史的存在としての個人に興味をもち続けた心理学の研究分野もあった．1つは発達心理学であり，もう1つが臨床心理学である．発達心理学は本来人間の発達という継時的，歴史的な現象を扱っており，研究対象から歴史を除外することは発達心理学の存在意義自体を否定することになってしまう．発達研究も心理学界の大勢を受けて推測統計学的な方法をそれなりに取り入れざるをえなかったが，それでも縦断的研究法など歴史を捨象しない努力は続けられたし，行動観察を中心とした事例研究は引き続き盛んに行われ，そこではランダムサンプリングや推測統計学の影は薄かった．

最近，発達心理学に限らず多くの分野で注目されている微小発生観察的（microgenetic）な方法も，発達研究のこうした伝統を受け継いでいるといえる．また，臨床心理学においてはその興味の対象があくまでも個人であることを前提に，個人や個人の文脈を捨象しない研究の営みが守られてきた．そこでも主要な方法は事例研究であった．

個人差心理学と「尺度」　　一方，性格心理学や知能研究などの「個人差心

理学」は，本来個人と個人差を対象とする心理学であるにもかかわらず，むしろ心理学の分野で最もランダムサンプリングと推測統計学的方法に支配されてきた．先に引用したオルポートの研究のように，性格心理学においても事例研究の試みは決して少なくないが，とくに 1940 年代以降の性格心理学では，オルポートの性格特性の分類（Allport, 1937）でいう「個人特性」よりも「共通特性」の研究が主流となった．（性格心理学の本来のあり方であると思われる）個人の性格そのものの記述や個人をとりまく文脈と性格との関係の分析よりも，個人間で共通に比較することができる性格特性の次元上で個人を比較し，序列化することが研究の中心となったのである．

　こうした個人差尺度の構成と標準化，尺度値とほかの変数との関係に関する研究は，心理学において典型的にランダムサンプリングと推測統計，それらを基礎にしたより複雑な統計的手法を最も積極的に利用してきた．それだけでなく，こうした個人差心理学が心理学における統計的手法自体の発展にも大きく寄与してきたことは，ある意味で皮肉なことである．

　質的方法の再評価と量的方法への批判　　推測統計学が支配する心理学の中で発達研究と臨床心理学の分野で細々と生き残ってきた，事例研究を中心とした個人と個人の文脈，個人史を捨象しない研究法が再び脚光を浴びるようになったのは，いわゆる「質的方法」の再評価に伴ってである．

　心理学の対象となる心的現象や人間行動が本来（少なくともそのまま簡単に数が数えられるようなものではないという意味で）質的な現象としてわれわれの前に立ち現れていることには疑いがないが，20 世紀の心理学はそれらをさまざまな方法で数量化することによって，自分たちの研究に自然科学的な方法論を導入することに成功した．しかし，質的現象の数量化という「フォーマット変換」は必ず一定の変換エラーを含み，数量化によって現象のリアリティの一部が失われる．

　もちろん，質から量への変換が優れたセンスと配慮を伴って行われるときには，そうした変換エラーや情報の欠落は最小限に抑えられる．心理学的測定尺度の妥当性は，それが質的な現象をいかに正確に量的データに変換できるかによって定まるし，その意味で優れた測定尺度は決して少なくはない．しかし，どんなに優れた尺度にも変換エラーは必ずあるし，センスと配慮を欠いた尺度では情報の欠落はますます大きくなる．20 世紀の主流派心理学はこうした

「質から量への変換エラー」を，客観的で科学的な方法を用いるためにはある程度しかたのないものと考えてきた．

しかし，それを無視できないものと考え，エラーや欠落のあるデータを甘受するよりはむしろ，量的な方法以外の研究法を模索しようとする志向が，質的研究の復権を導いた．同時に，心理学における量的方法で一般的であったランダムサンプリングと推測統計学によって捨象される個人と個人の文脈，個人史に対しても，それが量的方法と引き換えに失われてしまうことを甘受できるかどうかの選択も生じ，そこで量的方法よりも個人のリアリティをとろうとする志向をもつ人々も，質的研究へと向かったのである．

質的方法やそれを用いる質的研究は，研究のためのデータが実験や質問紙尺度などから得られるような量的データではなく，行動観察の記述やインタビューデータなどから得られる質的データを分析の材料とすることが大きな特徴である．しかしそれと同時に，これまでのランダムサンプリング的研究法では誤差として相殺されてきた個人差や個人の文脈，個人史などを誤差と考えず，きちんと記述し，分析していこうという志向も，質的研究の大きな特徴である．必然的に，質的研究は事例研究であるか，比較的少数の対象者について行われるものが多くなっている．

◉理論的サンプリングと「分厚い記述」

こうした質的研究では，母集団から多数のサンプルをランダムに抽出するのではなく，研究対象となる現象や特徴，行動などを典型的に体現するごく少数の人を研究対象として抽出する．こうしたサンプリングはランダムサンプリングに対して「理論的サンプリング（theoretical sampling）」と呼ばれることが多い（Glaser & Strauss, 1967；能智，2004）．

そして，そうした少数のサンプルについて，その人の体験や行動だけでなく，個人をとりまくさまざまな環境/状況要因や，その人の個人史も含めた「分厚い記述（thick description）」（Geertz, 1973）をしていくことで，個人全体を理解するとともに，その結果から一般性のある知見を手に入れようとするのが，典型的な質的研究である．

質的研究の妥当性　しかしこのとき，その研究によって得られた知見の「研究」としての妥当性，いいかえれば，なんらかの母集団にその知見が一般化できるという保証は，何から得られるのだろうか．以前，質的研究の信頼性

と妥当性について論じたときに，私はそれを「他の研究者が追体験し，納得できるように研究方法が詳細に記述されること」と「研究者コミュニティで納得を得られること」においた（渡邊，2004）．しかしこれは，あまりにも本章の前半で書いたような「研究者社会の共通言語としての方法」に重きをおきすぎた考えだろう．むしろ，先に述べた，ランダムサンプリングがそうした妥当性を保証する仕組みと同等，あるいはそれと置き換えることができるような妥当性の根拠が，質的研究のどこにあるのかを考えなければならない．

結論からいえば，質的研究の特徴である「個人の文脈や個人史の分厚い記述」そのものが，質的研究の妥当性，母集団への一般化の根拠になっているといえる．先にも述べたように，ランダムサンプリングは文脈や個人史が個人によって異なり，それが研究対象となる変数に影響を与えることを前提として，それを誤差として平均化し，相殺しようとした．しかし，そうした「誤差」によって研究対象となる変数の分析が惑わされない方法がもう1つある．それ

周辺変数を取り入れるということ

研究の対象となる変数Aと相互作用する変数B, C, D …があるとわかっている場合，そうした周辺変数をとらえる方法が何もなければ，その影響は誤差としてランダムサンプリングによって相殺するしかない．しかし，それらの周辺変数をとらえる方法があるならば，それらを誤差と考える必要はなく，測定なり記述なりして相互作用項として分析に加えたり，あるいは直接統制してその影響をなくすことができれば，分析はむしろ正確になる．

身長に性別や食生活によって差があるとわかっているなら，ランダムサンプリングして性差や食生活による差を相殺するより，性別や食生活という周辺変数を分析に取り入れ，身長と性別，食生活の相互作用を分析した方がよい．

ランダムサンプリングは少数の変数だけが測定可能で，その他は測定も統制もできないことを前提に，測定・統制できない変数の影響を低減するために行われるものであり，測定可能な変数，統制可能な周辺変数が増加するほど，ランダムサンプリングで相殺されなくてはならない誤差は徐々に小さくなり，得られた情報の一般化可能性は高まるはずだ．

は，人間にかかわる変数を研究対象と誤差とに分割し，誤差を平均化しようとすることをやめて，できるだけ多くの変数を，個人の文脈ごと，個人史ごとにまるごと記述し，分析してしまうことである．

事例研究の一般化可能性　理論的にサンプリングされた個人や少数事例による事例研究の問題点は，研究対象となる変数について得られる情報が個人の特性や個人的な文脈，あるいは個人史の影響を大きく受けて特殊なものとなりやすく，それをそのまま一般化することが難しい点にある．しかし，研究対象となる変数について観察し記述するときに，同時に個人のさまざまな特徴や，個人をとりまく文脈，個人の生育歴や生活史についての情報もできるだけ広く調べ，記述していくことで，個人のありさまに影響するさまざまな変数を分析の中に取り入れることができる．このことはコラムで述べたような，周辺変数を測定して分析に取り入れたり統制したりするのと同じ意味をもち，結果として，その人だけに生じた出来事や経験から得られた情報の一般性を高めるのである．

　例えば，不妊を経験した人々の「自己の問い直し」について記述すること（安田，2005）は，それだけでは比較的珍しい体験の事例を述べているだけで，そこで得られた知識を一般化できる対象はごく限られる．しかし，そうした経験自体だけでなくその人たち一人一人の人となりや，おかれた状況，個人史を分厚く記述し，それと「自己の問い直し」経験との相互作用を詳細に明らかにしていくことで，その知識は，そこで記述されたことの部分部分となんらかの共通点をもつような，さまざまな場面で人が経験するさまざまな事象へと一般化できる知識へと変化していく．

　オルポートによるジェニーの手紙の分析も，大量の手紙を分析することによってジェニーの特定の性格特性だけでなく，それに影響したであろうジェニーの他の個人的特徴，ジェニーをとりまくさまざまな文脈や対人関係，ジェニーの生育歴や個人史などを明らかにすることによって，ジェニーという一人の人間が，手紙に示されたようなパーソナリティをもっていることと，そのことにさまざまな変数・条件がどのように絡み合い，相互作用しているのかということを同時に記述することに成功している．このことが，この研究を単なる事例報告ではなく，さまざまな状況でのさまざまな人々の理解へと一般化できる内容を含んだ，深みのあるものにしているのである．

質的研究と分厚い記述　　ランダムサンプリングは，個人や文脈，個人史を平均化し，相殺することで，サンプルから得られた情報の一般性を高めようとしたが，事例についての質的研究はそれとは逆に，個人にこだわり，その個人の全体や個人の文脈，個人史にこだわり，それをできるだけ分厚く深く記述していくことによって，そこで得られた情報の一般性を高めようとしている．その意味で，質的な事例研究を一般性のある優れたものとするためには，研究対象となる事象だけでなく，その周囲にある文脈や，そこに登場する人々のありさまや個人史についての「分厚い記述」が必ず必要となる．質的研究に対して記述の厚みが求められるのは，研究によって得られた情報を研究の対象となった人以外の多くの人にも一般化できるようにするため，つまりサンプルから母集団への一般化を可能とするためであり，ずっと前に論じたことを振り返るならば，そうした分厚い記述こそがまさに，「事例報告」が「事例研究」となるための最大の条件なのである．

　別のいい方をすれば，推測統計学を標準的な方法として採用する研究者社会においては，その研究の妥当性，つまり研究成果が一般化可能かどうかの1つの判定基準として，その研究が用いたデータがランダムサンプリングされたものであるかどうかがおかれる．一方，質的方法を標準的な方法として採用する研究者社会では，研究対象となる事例や現象をどれだけ分厚く記述しているか，研究対象をとりまく文脈や歴史と研究対象との相互作用がどれだけ分析されているかをその研究の一般性の判断基準としている，と考えることができる．そこでは，分厚い記述によってとらえられる研究対象の「リアリティ」の表現が，他の研究者を「納得」させるのである（尾見・川野，1996）．

1.4　方法を選ぶこと，方法を作ること

　本章では，研究者社会による知識の共有と相互評価，そして研究者教育が方法の重要性を高めてきた歴史を考えた上で，心理学の方法論上の大きな問題であるサンプリングの問題について，推測統計学的方法におけるランダムサンプリングと質的研究における理論的サンプリングの対比を中心に議論してきた．どの問題でも，その方法が研究者社会にどのように受け入れられ共有されていくかや，共有された方法が個々の研究成果が研究者社会に受け入れられ，他の

研究者を納得させる上でどのように役立っているかが，方法の内容と同程度，あるいは方法の内容以上に重要であることがわかる．

方法と問題意識の相互作用　とはいえ，方法が本来は研究を行うための道具，自分が興味をもち，解明したい現象を適切に分析するための道具であることにはかわりがない．その意味で，とくに20世紀の研究者社会の大きな問題は，本来研究対象や研究者の興味によって自由に選択されるべきものである方法が，そのうちのどれかが「標準語」となってしまうことで，研究対象を限定し，研究者の興味も拘束するものになってしまったことにあると考えることができる．20世紀の最後になって心理学で質的方法が見直されるようになったのは，研究対象や興味に応じて方法を自由に選択したい，時には自分で研究対象や興味に合った方法を作りだしたいという，それまで抑圧されていた心理学者の欲求の発露であったのかもしれない．

しかし，自分の好きな方法を選択したり，新しい方法を作ったときに問題になるのは，それによって行われた研究が，自分の属する研究者社会で「正しい方法」として受け入れられるかどうか，端的には学会誌に掲載されるか，ということである．少し前までは「統計的検定を行っていて，有意差が出ていなければ絶対に採択されない」というまことしやかな噂のある学会誌もあった中で，量的な方法を用いない研究を行って投稿することには勇気が必要だったし，実際，投稿しても掲載されないということは多かったと思う．

また研究者教育の現場でも，学生や院生が自由に方法を選択したり，方法を作ったりすることには多くの困難がある．前にも論じたように，研究者教育はある意味必然的に，その時代の研究者社会の「標準語」を学生に強制しようとするからである．若者の斬新なアイデアの大半は標準語に翻訳できないという意味で「研究にならない」と切り捨てられてしまう．

これらのことは，研究者であるものが研究対象や興味に応じて好きな方法を使用するためには，それを受け入れる研究者社会，あるいは（研究者社会の構成要素としての）研究者集団の存在が必要であることを示している．もちろん，どんな方法でも受け入れてくれる研究者社会というのがあれば一番よいのだが，前述したように研究者集団の成立自体が「方法における標準語」と深く結びついているので，それはあまり期待できない．そうであれば，自分が使いたい方法を使うためには，その方法論を受け入れる既存の研究者集団を見つけ

てそれに参加するか，方法論を共有する仲間を見つけて新しい研究者集団を設立するかのどちらかしかないことになる．

結果として，とくに新しい方法論の提唱は，必然的に新しい研究者集団の誕生を伴うことになる．1990年代以降，日本の心理学界では分野別学会の設立が相次ぐとともに，日本質的心理学会のような「方法論を名称に取り入れた学会」の設立もみられるようになった．これらのことは，研究分野ごとに大きく違う方法論を分野ごとに共有する研究者集団の設立，ある特定の方法論を共有する研究者集団の設立が進んだことを意味するし，そうした研究者集団はほぼ例外なく，その方法論による研究を掲載し，知識の共有と相互評価を行うための学会誌をもつようになる．また当然の帰結として，それぞれの集団は仲間を獲得し，後継者を育てるための教育プログラムを模索するようになる．

研究者集団の分化と対立　新しい方法論を共有する研究者集団は「セクト」の性質を強くもつ．そうしたセクトは「古い」方法やそれを用いる研究者への批判や攻撃によって自らのアイデンティティを主張するし，多くの場合はそこに研究者の世代間対立が絡む（新しい方法論は，多くの場合は若い研究者によって提唱される）から，対立はますます激しいものになる．もしその研究者集団が「方法は自由に選んでよい」「対立することは不毛だ」と主張するにしても，そのことは特定の方法を選ぼうとする集団，他の方法との差異に意味を見いだす集団との間に新しい対立を生み出すだろう．また，同じ方法を共有する研究者集団の中でも正統性や発展性をめぐる対立が生じて，その結果によって研究者集団が分裂したり，集団の方向性が大きく変わったりするかもしれない．

しかし，そうした対立は学問を進歩させる原動力となる．新しい方法論を提唱し，利用することは，多くの批判や攻撃にさらされるだろう．しかし，そうした批判や攻撃に反撃し，使いたい方法を使い続ける自由を守るために，われわれは方法論をますます磨き上げ，より有意義な研究成果をあげようとする．例えば行動主義，とくに徹底的行動主義が少なくとも方法論的にはとても強固で洗練されたスタイルをもつことができたことには，それが長年にわたり（現在でも），対立するあるいは理解を共有しない研究者集団からの批判や攻撃と対決してきたことが寄与していることは間違いない．

たしかに，今の日本の心理学界の状況は，20年前のそれよりも多くの対立

や不和をはらんでいる．しかしこのことはむしろ，20年前には不可能だった方法の自由な選択と創造が可能になり，方法を共有しない多くの研究者集団が競い合うようになった結果であると考えられる．そうした競争や対立を否定するのではなく，そうした「負のエネルギー」をいかに有効に心理学の方法論の発展と多様化へと転化していくかが今後の課題となるだろう．

本書の第2部では，新しい研究分野，複雑な研究テーマに挑むために，自ら方法を作り出している研究者たちの挑戦と努力が紹介されている．彼らに対しても研究者社会からさまざまな批判や攻撃が加えられるだろうが，そのことは，それぞれの新しい方法論がますます発展し洗練されることに帰結するはずであるし，それを期待したい．

［渡邊芳之］

■文　献

Allport, G. W. (1937). *Personality : A psychological interpretations.* New York : Holt.（詫摩武俊・青木孝悦・近藤由紀子・堀　正（訳）（1982）．パーソナリティ――心理学的解釈　新曜社）

Allport, G. W. (1965). *Letters from Jenny.* New York : Harcourt Brace Jovanovich.（青木孝悦・萩原　滋（訳）（1982）．ジェニーからの手紙――心理学は彼女をどう解釈するか　新曜社）

藤垣裕子（2003）．専門知と公共性――科学技術社会論の構築へ向けて　東京大学出版会

Geertz, C. (1973). *The interpretation of cultures : Selected essays.* New York : Basic Books.（吉田禎吾・柳川啓一・中牧弘允・板橋作美（訳）（1987）．文化の解釈学　岩波書店）

Glaser, B. G., & Strauss, A. (1967). *Discovery of grounded theory. Strategies for qualitative research.* New York : Aldine.（後藤　隆・大出春江・水野節夫（訳）（1996）．データ対話型理論の発見――調査からいかに理論を生み出すか　新曜社）

葛西俊治（2006）．心理学的研究における統計的有意性検定の適用限界　札幌学院大学人文学会紀要，**79**, 45-78.

能智正博（2004）．理論的なサンプリング――質的研究ではデータをどのように選択するのか　無藤　隆ほか（編）質的心理学――創造的に利用するコツ　新曜社　pp. 78-83.

尾見康博・川野健司（1996）．納得の基準――心理学者がしていること　人文学報（東京都立大学），**269**, 31-45.（サトウタツヤ・渡邊芳之・尾見康博（2000）．心理学論の誕生――「心理学」のフィールドワーク　北大路書房　にも収録）

Popple, A. V., & Levi, D. M. (2000). Wundt versus Galton : Two approaches to gathering psychological measurements. *Perception,* **29**, 379-381.

渡邊芳之（2004）．質的研究における信頼性・妥当性のあり方――リアリティに至る過程　無藤　隆ほか（編）質的心理学――創造的に利用するコツ　新曜社　pp. 59-64.

渡邊芳之（2006）．心理学の方法論　海保博之・楠見　孝（監修）心理学総合事典　朝倉書店　pp. 19-31.

安田裕子（2005）．不妊という経験を通じた自己の問い直し過程――治療では子どもが授からなかった当事者の選択岐路から　質的心理学研究，**4**, 201-226.

2. 近代心理学の成立と方法論確立の関係
──「心理学的方法」前史序説

2.1 はじめに

◉心理学の息苦しさ

　心理学を学び始める者の多くが，ある種の息苦しさを感じる．それは一般的な心理学のイメージと学問としての心理学のイメージが異なるからである．このことを筆者はかつて「ポップとアカデミックのずれ」として描写したことがあった（佐藤・尾見，1994）．

　カウンセリング，自分探しなどを主なイメージとする一般的な心理学のイメージに対して，学問としての心理学において歴史が古くかつ現在でも中心の1つである分野は感覚・知覚の実験的研究である．基礎領域と称されることが多い．現象としての感覚・知覚を実験的方法によって扱うのが学問としての心理学のメインだという言説は，多くの初学者に混乱をもたらす．しかも，その理由が説明されていることはきわめてまれである．説明なしに行われる一方的な宣言は，混乱だけではなく失望をもたらすことになる．感覚・知覚が基礎分野とされる理由がわかれば納得することもできるし反論することもできるから生産的になりうるが，理由がわからなければ従属か失望かドロップアウトしかない．

◉それでも「心理学は感覚・知覚研究を基礎とする!?」

　筆者は「感覚・知覚を実験的方法によって扱うのが学問としての心理学の中心であり基礎」であることの理由にここで仮に答えておきたい．それは「18世紀頃の哲学の中心問題の1つが，感覚・知覚の考究であり，この問題に対して当時勃興しつつあった自然科学的方法を用いてアプローチすることも大きな

関心事項となっていた」というものである．こうした問題や関心への回答として，近代心理学が勃興したのではないだろうか（注1）．

注1 この問いには，なぜ「感覚・知覚」を研究するのかということが書かれていないことに留意すべきである．

近代心理学の成立　感覚・知覚に自然科学的方法を用いることは，結果として近代心理学として新しい学問分野を成立させることとなった（注2）．そして，精神医学や教育学などとの連携も図ることが可能になった．近代心理学がいつ始まったか，などという問いにそもそも明確な答えはないが，一般には1879年のヴントによる心理学実験室の創設，もしくは少しさかのぼった1860年のフェヒナーによる『精神物理学要綱』（Fechner, 1860）の発刊を記念碑的な年とすることが多い（注3）．筆者個人としては具体的な1つの年（1879年）が開始の年だとすること自体にあまり賛成できないので，1879年頃のヴントの旺盛な活動と学生育成システムの構築およびそれがドイツの大学で公認されたことが近代心理学成立の画期的な時期であるとしておきたい．このことについては本章の後半でもう少し考えてみたいので，ここでは深入りしない．あえて記念碑的な年をあげるのであれば1879年であり，本章ではこの出来事が起きる頃までの歴史をみていくことになる．

注2 多くの場合，このことは心理学の哲学からの独立という形で語られる．ただし，リードの『魂から心へ』によれば，逆の見方もできるという（Reed, 1997）．つまり，いわゆる哲学が今日のような形となったのは，感覚・知覚の科学的研究に対抗するためであるという仮説をたてているのである．ヤスパース，フッサールなど多くの哲学者が20世紀初頭前後に心理学を批判的に取り扱った論考を発表しているのは，科学的態度の膨張を批判しなければならなかった事情を裏書きしているということになる．

注3 例えば，鎌倉幕府の開始の年というものは，教科書的にいえば従来1192年とされていた．源頼朝が征夷大将軍（いわゆる将軍）に任じられた年をメルクマールとしていたのである．しかし近年では，頼朝の権力・統治機構の成立を，平家が滅亡し朝廷から守護・地頭の設置を認められた1185年にさかのぼらせようとする意見が主流となっている．ちなみに，幕府という呼称も江戸時代以降のものであり，鎌倉時代の人々が幕府開設などといったわけではない．ついでながら，鎖国などの概念も同様に後から命名されたものであり，「これから鎖国します！」と宣言した人はいない．バブル経済にしても同様で，「これからバブル経済が始まります」とか「バブルがはじけます」と宣言した人はいない．

近代心理学成立以降の心理学は，学問の対象としては行動だけに絞るべきだという考え（行動主義）が現れたし，心を病んでいる人の治療を扱うべきだという考え（異常心理学，臨床心理学や精神分析）が現れるなど，その範囲は大きく拡張した．方法についても，実験，面接，観察，質問紙など多様化した．個々の方法における細かなテクニックについても多様化が起きている．実験においても言語反応だけに限らず反応時間を求めることもあるし，最近では，質問紙に印刷した項目への回答を集めたりするようになった．面接も有力なデータ収集方法であったが，単に相手から言語反応を得る方法としてではなく，ごく最近では，調査者と被調査者の間でなされる意味ある会話であるという認識も高まってきた．

また，心理学の成立以降，結果を数値で表し，それを計算しようという傾向は強い．数字で表されたデータの処理には統計的計算が必要であるから，心理学者も統計に関するハード・ソフト両面の発展のけん引車となっていった．このことは，逆にまた心理学が統計学を推進する一大エンジンとなることを意味していた．多変量解析の技術も多様化した．

自然科学における自然と科学　本章で心理学における対象と方法の拡大の過程を検討することはとうてい不可能であるから，ここではこれまでの日本の心理学史研究の中では研究としてほとんど扱われてこなかった，心理学成立以前の「心理学の科学化」を準備し推進した動向について検討してみたい．

するどい読者が気づいたように，ここで問題となるのは心理学だけではなく，科学というものの性質の規定である．ここでの科学は，自然科学という狭い意味の科学である．自然科学の対象は自然である．では自然とは何か．形容詞的な用法を考えれば，人の手を加えないありのままの姿ということになるが，これでは「何」の「ありのまま」なのか，という対象の説明が抜けてしまう．実は，人間を含めたあらゆる物が自然の対象である．人間も自然の一部である．後にくわしくみるように，哲学者カントは自然を物体論と心理論に分けていた．物体とは延長をもつものである．延長をもつといういい方が奇異に聞こえる人もいるかもしれないが，逆に延長をもたないものとはいえば，それは思惟であり，哲学の流れからいえば心理学がテーマとするものである．延長をもつ，もたない，という二分法は哲学者デカルトに由来するが，延長をもつものに対する科学（自然科学）は17世紀以降，格段に発展していたという事情

を頭の隅に入れておいてもらいたい．

以下では，なぜ，どのように実験が心理学に取り入れられ，それが心理学全体をけん引したのか，ということに焦点をあてていく（注4）．

注4 さらにいえば，実験が心理学においてどのように相対的地位の低下を招いたのかという問いも立ちうる．読者諸賢におかれてはそうした問いを想定して読んでみてもおもしろいだろう．

次節では17世紀後半にさかのぼり，心理学が実験を方法論として取り込んでいく過程をみていこう．

2.2　17世紀後半以降の心理学的主題から

● **視覚と触覚をめぐるモリヌークス問題**

例えば，モリヌークス問題というのがある．これはロック（図2.1）が『人間知性論』（第二版，1693）の中で言及した視覚と触覚をめぐる議論であるが，もともとはアイルランドの哲学者・科学者であるモリヌークス（Molyneux, W.; 1656-1698）が提出したものである．モリヌークスはロックの友人であり，月の錯視などを通じて広く視覚に関心をもっていた（Molyneux, 1687）．モリヌークス問題を簡略化して述べれば，「立方体と球体を触覚で区別できる生まれつきの盲人が，成人してもし目が見えるようになったなら，見ただけで（視

図2.1　ロック（Locke, J.; 1632-1704）

> **「理性主義」と「経験主義」**（高砂，2003）
>
> 　理性主義（rationalism）は合理主義あるいは合理論ともいい，人間の理性には生得的にある種の観念（idea）が備わっており，それによって数の概念などが理解できると考える立場．経験主義（empiricism）は経験論ともいい，イギリスで発展した考え方．理性主義によれば，人間には理性があるのでうまく外界を認識できると考え，経験（中でも感覚）の役割を軽視していた．理性主義の立場に反して17世紀イギリスに起こったのが経験主義であり，経験主義では感覚的経験を通して観念が得られると考えていた．あることが真であるかどうかはそれを経験した人にしか認識できないことになるという主張にまで発展する．このことは，理性主義のもとでは絶対的な真理というものが可能であったのに対して，経験主義ではせいぜい蓋然的（確率的）な真理しかありえないという哲学的視点の転換をもたらすことにもなった．

覚だけで）両者を区別できるか」というものである．当時はいわば哲学的な色彩の強い論争が行われた．そして，これに対する答えは人間についてどのような根本的仮説をもつのかによって異なる傾向にあった．

●理性主義と経験主義

　理性主義では人間には観念が生まれつき備わっていると考えるから，目の見えない人が新しい感覚（ここでは視力を通じて得る感覚）が可能になれば，その新しい感覚はすでに存在する観念を理解することができる（それが何を見ているのかという判断も可能）という答えになる．一方で，経験主義的な考え方をとれば，感覚から生じる観念の判断は経験を必要とするので，目の見えない人にとって新しい感覚が可能になったからといって，即座に何かを見たり判断したりすることは不可能だという答えとなる．モリヌークス問題が話題になったときにも開眼手術は少ないながら行われていたとはいえ，当初は実証的データに基づく議論よりも，理論的に議論するということが最も重要な論争形態となっていた．

　この問題では，ある感覚によって外界の観念を得た者が，その観念内容をどのように判断・理解するのか，ということが問題となっている．感覚，観念，判断，理解といったタームは現在の心理学の主題であるが，17世紀末から18世紀にかけて，ディドロやバークリによってそうしたタームがそれ以前の哲学

から受け継がれ，哲学的な論争を構成していたという背景事情もある．モリヌークス問題はこのような文脈の上に現れた理論的な問題だったのである．当時，この問題に対して理性主義的観点から答えたのがライプニッツであり，経験主義的な観点から答えたのがロックとバークリであった．理性主義的立場からすれば，三角形をはじめて見た人はすぐにそれを理解できるということになり，経験主義的立場からすれば，三角形を見たところでそれを理解することは難しいということになる．

この問題は，チーゼルデン (Cheselden, W. ; 1688-1752) による13歳の少年の手術事例報告 (Cheselden, 1728) やディドロの「盲人に関する手紙」を経て，経験主義の立場が正しいという認識が共有されることになる (注5)．問いを提出した経験主義者ロックよりもさらに考察を進めたのが『視覚新論』(1709) の著者バークリであり，『感覚論』(1754) の著者コンディヤックであった．

注5　ディドロの主張は理性主義を基盤とする考えには打撃を与えたが，経験主義の完全な擁護になっていたわけではない．視覚が経験を通じて生成されていくという意味で，経験を従事するタブラ・ラサ（白紙）説のように，初期設定された何かに経験を通じて何かが蓄積されていくというものではなかった．いわゆるモリヌークス問題はディドロによって，視覚と触覚の片方が機能しない場合など，2つの感覚器官の受け取る認識が異なる場合にはどのような統合がなされるのか，というように形を変えた．鳥居・望月 (2000) の意義を検討した遠藤 (2007) が正しく指摘するように，この問題は現在でもなお主要な問題として存在しているのである．

モリヌークス問題を検討する中で，感覚，知覚，観念の発生を実証的にとらえる必要性を喚起したことは間違いないように思える．実証主義的姿勢は，科学的心理学を成立させようとした動向とは（直線的な因果関係ではなく）網目のように関係していたであろう．

● モリヌークス問題は解決したのか？

ただし，モリヌークス問題を自ら体験した患者の立場，つまり先天盲開眼者の立場にたてば，いわゆる開眼手術をしさえすれば「目が見えるようなる」というのはまさに安易な推論であり，手術によって物理的に目が見えるようになる条件が整っても，それで「見える人」になるというのはあまりに単純な発想だということもいえる．経験主義の立場に立ったとしても，その経験の意味するところが非常に粗大で雑ぱくであった．何をどのように経験すれば目が見え

るようになるのか．実際には，開眼手術を受けて生活さえしていれば経験を蓄積したことになるというのはむしろ安易な楽観論なのであった．むしろ開眼して絶望する人やそれ以前の状態に戻ろうと希望する人さえいたという（Zajonc, 1993）（注6）．見て何かを理解するということ自体のために，「見える目」をもつ身体による生活経験を続けていくことこそが重要だということになる．

注6 ザイアンス（Zajonc, 1993）に間接引用されているモロー博士の言によれば「先天的に目が見えない人に視力を与えるのは，外科医の仕事というより教育者の仕事である」とのことであり，このことばは視力を得ることと物を見ることの違いをよく表現しているように思える．

開眼直後では立方体と球の区別はもとより，二次元の形も色も識別が難しい．見えるとは，見たものが他のものとは異なっていることやそれが何であるかがわかることであり，それには長いプロセス（ある意味での訓練課程）が必要なのである．日本でもこの問題は検討されており，鳥居・望月（2000）はこの問題の歴史的経緯を踏まえて，先天盲開眼者のための視覚的弁別・識別活動の開発・錬成，そして形成過程を丁寧に扱っているので参照されたい．また大山ら（Oyama, Torii, & Mochizuki, 2005）も参考になる．

● **ヴォルフによる合理的心理学と経験的心理学**

心理学は psychologia およびその近縁語の日本語訳であるが，このもともとの単語が成立したのはせいぜい 16 世紀初頭だといわれている．その後，本の書名に psychologia が用いられるようになったものの，霊魂を扱う心霊学のような意味に近かった．現在の心理学に近い意味で使われた最初の例として知られているのは，18 世紀にヴォルフ（Wolff, C.; 1679-1754）が著した『経験的心理学』（1732）と『理性的心理学』（1734）である（高砂，2003）．この2つの本のタイトルにも経験主義と理性主義の対立が表れていることは興味深い．ヴォルフは双方の立場から学問としての心理学をそれぞれ構想したのである．その当時の心理学の対象は魂であった．宗教的背景をもった実存的な魂であった．だが，ヴォルフにおいては，実存としての魂ではなく，思惟や表象の主体としての心を扱う姿勢がみられており，それを経験主義，理性主義，双方から考えていったのである．

● テーテンスの方法

　18世紀後半の1777年，テーテンスは自らの心理学の方法について以下のように述べた（なお，以下の悟性とは独語のverstand，英語のunderstandingの訳語である）．

> 　私が採用した方法に関しては，これについてあらかじめ説明することが必要なように私には思われる．それはロックが悟性について用いて，われわれの心理学者たち〔＝ハートリやプルーストリ，ボネら〕が経験的心理学の中でしたがっていた，観察的方法である．心（Seele）の変容を，それが自己感情（Selbstgefuhl）を通じて認識されるように受け取ること．その変容を，注意深く繰り返し，その状態の変化を熟視しながら観察すること．その生成の仕方と，それを産出する力の作用法則（Wirkungs-gesetzeder Krafte）に注目すること．さらに，こうした観察を比較分解して，そこから最も単純な能力と作用の仕方とそれら相互の関係を発見すること．これらのことは，経験に基づく心の心理学的分析の際の最も本質的な手続きである．
> 　　　　　　　　　　　　　　　　　　（Tetens, 1777；近堂，2004a（訳））

　ここには18世紀末の心理学のあり方がみてとれる．近堂（2004a）によればテーテンスは経験主義の流れにたつロックの影響を受けているという．彼の文章からは心理学の対象は心であること，そしてその心は思惟や表象の主体であるとされていることがわかる．さらに重要なことは，心理学が「心」ではなく「心の変容」を対象にすべきだとテーテンスが考えていたことであり，心の変容を繰り返し観察することが重要とされていたことである．観察によって何を行うのかといえば，変容の生起の仕方，とくに何が変容を産出するのか，という作用法則を見いだすのである．作用法則は因果法則ほど厳格ではないし，だからこそ人間の理解に役立つはずだから，一種の相関関係を見いだすことが観察の目的であっただろう．どういう条件の変化がどういう心の変化をもたらしうるのか，それを繰り返し観察し法則を導く，これがテーテンスの提案する「経験に基づく」方法による「心」を対象とする「心理学」だったのである．機能主義的心理学の源流の1つがここにある．

　観察による心の比較と分解．心は静的なものではなく，変容することが前提となっている．変容こそが観察のために必要なのであった．心は変容するから観察が可能なのである．ここでいう観察はヴントらの行っていた内観的方法と

ほぼ一続きである．しかし，このテーテンスの方法が科学的な心理学へと直接的につながっていったわけではない．心理学は科学になりうるかどうかという議論があったのである．すなわち，1786年，カントは『自然科学の形而上学的原理』の序文において自然科学の定義を行う中で，心を扱う学問が科学足りえないことにふれていたのである（後述）．

さて，テーテンスの主張は能力を分解するという意味で能力心理学的な側面をもっている．テーテンスの哲学的心理学は，経験的心理学と批判哲学ないしは超越論的哲学との接点が読み取れるというが（近堂，2004a）ここではそれにはふれない．むしろ，批判哲学・超越論的哲学者であるカントが「心理学は科学にならない」ことを論じたことを1つの補助線として心理学の方法について考えてみたい．まず，カントがどのような背景から何をいったのか，である．

2.3　カントの不可能宣言とその歴史的意義

●カントの不可能宣言と哲学者たちの格闘

すでに述べたように，現在の心理学成立神話にとっての合意事項でさえある19世紀中葉以降の心理学の成立には，自然科学の方法論が大きな方法論的役割を果たしたとされている．

このことは，多くの心理学史書に書かれており，現在ではそれが疑問になることはほとんどない．では，なぜ自然科学の方法が心理学に取り入れられたのだろうか．なぜそれが心理学の開始とされたのだろうか．

これもまた既述のように「なぜ」という問いに答えるのは難しいため，「なぜ」を「どのように」に変えてみたい．自然科学の方法は「どのように」心理学に取り入れられたのだろうか．どのような挫折があり，どのようにそれを乗り越えていったのか，それを検討していく．それを考える格好の材料がカントの不可能宣言（impossibility claim）である（Nayak & Sotnak, 1995）．哲学者として知られるカントは，心理学は科学になりえないだろうという意見を著書で披瀝したのである．

カントの科学的方法論　では，カントは科学をどのように考えていたのだろうか．カントの科学方法論に関する特徴には以下の2つがみられる（大橋,

2003).

　1つは恣意的で憶測的な形而上学への批判であり，これを逆から考えれば，経験による実証性とその幾何学（数学）的処理の重視となる．ここで幾何学とは数学の一部門にして，理性的信憑性を担保するものである．大橋（2003）によれば，カントは経験的事実の数学的処理が理性的信憑性につながると考えていた．

　もう1つの特徴は，1つめの特徴とは若干矛盾するが，カントは単なる実証主義にとどまらず，数学的処理の万能性にも疑問を抱いていたことである．実証的データとその数学的処理を行う方法については，非経験的原則との整合性を求めていた．これはメタ理論的志向と呼ぶことが可能だが，実験できて処理できれば何でもよいということではなく，カントは自然研究における方法とその前提となる理論との整合性を無視することはなかったのである．

　つまりカントは，自然研究における科学的方法は，実証的であり，かつその理論的前提との調和が必要だと考えていた（注7）．自然科学をそのように構想していたのである．なお，カントは自然研究の対象を物体論と心理論に分けて考えていた．後にみていくように，そのうち物体論にのみ科学が適用可能であるから，自然科学といえば自動的に物理論を扱うことになるし，その研究を進める際には形而上学的な原理を考えることが必要だ，というのがカントの主張である．

　注7　このような科学の定義は，例えば，科学にはポパーがいうような反証可能性が必要だというような定義とは非常に異なっている．読者諸賢におかれては，科学ということの考え方自体も時代によって変化していくものだということに注意を払ってほしい（西脇（2004）を参照）．

カントによる自然科学の条件　カントの時代には自然に関する知識がとみに蓄積され，（自然）科学的な志向も分化し成熟していた（Danziger, 1990）．同時代の哲学者たちにも自然科学的志向を好む者が少なからず現れていた．そうした中でカントは『自然科学の形而上学的原理』を著し自然科学の条件について論じたのである．

　ではカントは具体的に何をどのようにいっていたのか．少し長くなるが『自然科学の形而上学的原理』から引用する．この著作は1768年に発表されたものであり，翻訳（2000年版）の訳者である犬竹（2000）の解説によれば，こ

の著作の中心テーマは「本来的にそう呼ばれるべき自然科学は，まず第一に自然の形而上学を必要とする」ということと「本来的な自然科学は数学の適用を必要とする」ということである．ここでの本来的な自然科学はカントにとって物理学のみをさしており，心理学はおろか化学すら入っていない．

ちなみにカントの序文の冒頭では，自然を扱う学問（自然論）には物体論と心理論（注8）の2つがあるとしており，化学は前者に，心理学は後者に入っている．物体論は延長的自然を，心理論は思惟的自然を考究する（Kant, 1786；2000年版）．つまり，自然の研究には延長をもつものを対象にする物体論と，延長をもたない思惟を対象にする心理論があるというように，彼は二分法的に整理していたのである．

注8　犬竹（2000）は"seelenlehre"を心理論と訳しているが，精神論と訳す訳者もいることに注意されたい．例えば，戸坂潤訳（1928年出版）がそうである．

カントは，化学は物体を扱ってはいるもののア・プリオリな知識に基づくというよりは，経験的な知識の積み重ねによるものであるから，厳密科学の範疇に入ることはできないとした．では，心理論はどうであろうか（訳書には段落替えはなかったが，構造をわかりやすくするために以下では試みに筆者が段落替えを行っている）．

　　しかし経験的心理論は，化学と比べても，本来的に自然科学と呼ばれるべきものの域からはつねにほど遠い状態にとどまらざるをえない．
　　それは第一に，内官の現象やその法則には数学が適用されえないからである．なるほどその場合でも，内官（＝内的直感のような概念；引用者注）の内的変化の流れにおける恒常性の法則だけを考慮するというのであれば，話は別である．このような法則もたしかに認識の拡張といえるであろう．だが，かかる認識の拡張を，数学が物体論にもたらす認識の拡張と比較するならば，その違いはおおよそ，直線の性質についての学説と全幾何学との違いに匹敵するであろう．なぜなら，心的現象がそこで構成されるべき純粋な内的直観は時間であり，時間はただ一次元をもつのみだからである．
　　しかしまた，体系的な分析技術あるいは実験論としても，経験的心理論はとうてい化学に近づくことはできない．なぜなら，経験的心理論の場合，内的に観察される多様なものは，単に思考上の分析によって相互に分離されるのみで，それを分離したまま保持しておいたり任意にふたたび結合したりすることはできない．ましてやほかの思惟主体は，意のままにわれわれの実験にしたがうというわけにはゆかず，また，観察という行為自体が観察対象の状態を変え歪め

2.3 カントの不可能宣言とその歴史的意義

てしまうからである．

それゆえ，経験的心理論はけっして内官の記述的 (注9) 自然論以上のものとはなりえず，また記述的な科学としても，せいぜい体系的な自然論，すなわち心の自然記述となりうるだけであって，心の科学とはなりえない．それどころか，とうてい心理学的実験論にすらなりえない．

まさしくこうした理由によって，本来，物体論の諸原則だけを含むこの著作の表題に，通常の用語法にしたがって，自然科学という一般的名称をもちいたのである．というのも，この自然科学という名称が本来の意味で与えられるのは物体論に対してだけであり，したがって，それによっていかなる曖昧さも生じることはないからである．

物体論は数学の適用によってのみ自然科学となりうる．だが，物体論に数学が適用できるためには，物質一般の可能性に属する諸概念を構成するための諸原理が，前もって与えられていなければならない．すなわち，物質一般という概念の完全な分析が基礎におかれなくてはならない．これは純粋哲学の仕事である．純粋哲学はこうした意図のためにいかなる特殊な経験ももちいることなく，もっぱら，孤立した（それ自身は経験的な）概念そのもののうちに見いだされるものだけを，空間と時間とにおける純粋直観に関係づけて（自然一般という概念にすでに本質的に結びついている諸法則にしたがいつつ）もちいるだけである．

(Kant, 1786；犬竹, 2000（訳）)

注9 犬竹（2000）訳では "historische" を記述的と訳しているが，他の訳書や論文中の部分訳では，史的，歴史的と訳されることが多い．本章ではそれぞれの訳者の訳に従ったことを諒とされたい．

前述のように，カントの心理学に対する言明は心理学への「不可能宣言」と呼ばれている．ここで心理学と呼んでいるものは経験的心理学の系譜にあるものであり，現在の私たちが心理学と呼んでいるものとは異なっている．ヴォルフによって2つの系統として明示された合理的心理学と経験的心理学．そのうちの後者についての批判であることを思い起こしておこう．

さて，カントは，心を扱う学問そのものを否定したのではなく，物を扱う学問に対置してその意義を認めながら，しかし前者は決して科学足りえない，と主張していた．

経験的心理論　ここで，カントが何をもって「経験的心理論」としているのか，また，何をもって「科学」としているのかを再度検討してみたい．

経験的心理論（empirische seelenlehre）とは，現在の心理学とは異なるものである．その内容について，カントは対象と方法の二側面から説明を与えて

いる．経験的心理論とは内的な何かを観察すること，その観察は自分自身によってなされていることがわかる．これは先ほど紹介したテーテンスの方法とあまり違っていない．そして，こうした状態にある経験的心理論についてカントは，科学にはなりえないとしたのである．自身の内的感覚を自身で観察すると必ず歪みが入るということも意識されていた．カントの『自然科学の形而上学的原理』によれば，心理学は経験的な学として「史的自然論（historische naturlehre）」のうちの「心の自然記述（naturbeschreibung der seele）」であるにとどまり，「心の科学（seelenwissenschaft）」や「心理学的実験論（psychologische experimentallehre）」の可能性は放棄されたのである（近堂，2004b）．

　経験的心理論は今のことばでいえば魂のあり方についての議論，つまり霊魂論のようなものの延長にあった．なお，カントが経験的「心理論」に"seelenlehre"という語をあてている，つまり「心」の科学には"seelen"をあてているのに，心理学的実験論という語には"psychologische"をあてていることには，少し注目してよいかと思われる．

　引用の後半部分に「物体論の諸原則だけを含むこの著作の表題に，通常の用語法にしたがって，自然科学という一般的名称をもちいた」という言い訳のような文章があった．これは何に対して言い訳しているのかというと，自然を扱う研究は物体と精神があるにもかかわらず，自然科学という表題で物体論しか扱っていないことの言い訳なのである．科学といえば物体論しかできないのだから，この本の中で物体論しか扱わないにもかかわらず「自然」と銘打ってもよいはずだ，という言い訳もしくは開き直りなのである．21世紀の今日，自然科学というのは，科学そのものだという考え方をされることが多いのだが，カントがこの文章を書いた当時は，自然を対象にした学問は今でいう物理や化学の領域だけではなく，人間の精神も自然というカテゴリーの中に括られていたのである．

　つまり，当時の言説空間では，自然を扱う科学という表題であれば，必然的に心のことも科学的に扱っているはずだ（もしくは扱うべきだ），なぜならば自然論は物体論と心理論からなっているからである，と考える人たちがいたということなのである．

　だが，そうではなく，精神を科学で扱うことなどできないのだから，自然科学で物体論のみを扱うのは正統なのだ，ということをカントはこの序文でいい

たかったのである．その理由としてあげられているのが，心を対象とする学問に数学が適用できず実験も不可能だという説明なのである．対象が方法を規定するのではなく，方法が対象を規定していくという意味での手続き至上主義的な思考が，カントの言い訳の中に入っていることを見逃すことはできない（注10）．

> **注10** 例えば，『国立大学の発展』という本があり，その序文に「大学といえば歴史からいって国立（大学法人）の方が重要であるから，大学の発展という本に国立と付けて私立大学のことを扱わなかったとしても，それは理解されるだろう」と書いてあったら奇異だろうし，逆に『私立大学の発展』という本の序文に「大学生の多くを教育しているのは私立だし，アメリカなどでも私立の方が優位である．だから，大学の発展という本に私立と付いていて国立大学のことを扱わなかったとしてもそれは当然である」などと書かれていたらこれもまた奇異であろう．

ただし，むしろ，序文で言い訳しておくことが必要なくらい，当時は自然というタイトルがついている著書をみた人たちが，心について扱っていると期待していたと考えることも不可能ではない．つまり，カントが「心理学は純粋な自然科学になりえない」と序文で読者に対して宣言していたということは，逆説的な意味からではあるが，この問題が学者たちの関心をひいていたこともわかる（佐藤，2006）．また，さらに想像をたくましくすれば，魂を扱う学問の延長線上にあった当時の心理論なるものが，科学化することによって必然的にもたらすであろう宗教との軋轢を避ける意図があったといえるかもしれない．

カントの『純粋理性批判』（*Kritik der reinen Vernunf*, 1781 初版/1787 第二版）では，合理的心理学（psychologia rationalis）は合理的物理学とともに合理的自然学を構成する地位を与えられていた．それが『自然科学の形而上学的原理』の序文では経験的心理論に言及されているにすぎなくなっていった．

この時代，自然科学という領域自体も当時の新しい学範（ディシプリン）として立ち上がったばかりだった．自然科学という学問領域が確定していない時代において，心を扱う学問の位置も曖昧であり不確定であったはずである．そうした中，カントは心理論が科学になりえない理由を序文で述べて，自然科学それ自体を物体論に狭く確定して後の議論の展開を限定したのだろうし，その後の自然科学の飛躍をみれば，それは正しかったといえるかもしれない．

◉**カントにとっての科学と心理学的な研究**

さて，カントが科学ということばで含意していたのは，まず「科学＝数式に

よる表現」であり，次に「科学＝実験が可能」ということであった．カントは，心理学には先験的（ア・プリオリ）なフレームワークが存在しないこと，内的感覚という現象やその法則に数学を適用できないことからこうした主張をしていた（Green, Shore, & Teo, 2001）．では，彼はどのような根拠からこのような主張をしたのか．心理を対象とした研究をしていなかったのか，していた上での主張なのか．この点については最近になって研究が進んできている．カントは心を量的に扱うことに多大な関心をもっていた（Sturm, 2006）．なぜなら，それによって数学が適用可能になるからである．カントは感覚の下限（つまり，閾である）について言及することを好んでおり，ソバー（Sauveur, J.；1653-1716）による音叉の振動と音の高さの関係について言及するのを好んでいた（Sturm, 2006）．また，文字が読める最低の明るさについても関心を寄せていた．みつろう（wax）を原料にしたロウソクと獣脂（tallow）を原料にしたロウソクを光源にした場合の明るさを比較したこともあった．ただし，単に明るいとか暗いとかいう比較をするのではなく，同じ本数の異なるロウソクからどれくらい距離をとっても本が読める明るさなのか，ということを指標にして検討していた（Nayak & Sotnak, 1995）．

なお，カントは経験論に生理学的アプローチを取り入れることに反対しており，この意味でも心理学が科学に近づくことはなかった．観念論的立場における心理学の地位の低下（もしくは拒絶）は，後続の哲学者たち（例えばフィヒテ（Fichte），シェリング（Schelling），ヘーゲル（Hegell））にも受け継がれていった（Bell, 2005）（注11）．

注11 ヘーゲルに至っては，当時の心理学がまったく哀れな状況であり，心理学に関する最良の書はアリストテレスの『デ・アニマ（De anima）』であるといっていたとさえいう（Bell, 2005．『デ・アニマ』の心理学史的意義については高橋（1994）を参照されたい）．

ただし，観念論者たちは，経験的心理論が科学的心理学に変容する際の条件について，カントその人のように高いハードルを想定していたわけではなかった．例えば，シェリングやヘーゲルは動物磁気という現象が突破口になると考えていた節がある．動物磁気は現在の心理学ではまったく取沙汰されていない学説ではあるが，当時の学問状況において注目されていたのである．

●カント以後の観念論者と心理学の科学化

さて，カントの考えに反旗をひるがえすべく，最も知的格闘を行った人の一人は，ケーニヒスベルク大学でカントの職を受け継いだヘルバルト（Herbart, J. F.; 1776–1841）であった．

ヘルバルトは心を扱う学問に数学を取り入れようと苦心し，科学的心理学を成立させるために尽力したが，成功したとはいえなかった．彼は観念の力学的交渉から精神生活を説明しようとし，それを数式で表現することに心を砕いたのだが，現在では歴史的意味しか認められていない．ここでの観念とは，感覚，知覚表象，記憶表象，想像表象，概念などの意識内容を意味しているから（増田，1933），イギリスのベイン（Bain, A.; 1818–1903）などの連想心理学とのつながりも大きかった．

ヘルバルトの努力は，心理学の科学化の大きな力になりえなかった．そして，心理学の科学化は，哲学の内部からではなく，むしろ外部から大いなる援軍を得た．カントによって自然科学の王道と認められたとでもいうべき物理学や自然科学としての進境が著しかった生理学などである．つまり，カントがいうところの「自然のうちの物体論」を実験と数式によって理解する学問としての自然科学の方法論が，心理論に活用される道が急速に開かれつつあったのである．その際，心理論の中でも注目されたのが感覚という心理現象であった．とくにウェーバーとフェヒナーによる感覚研究がその推進力であった．実際，近代心理学の父とされるヴントは，その自伝の中で，ウェーバーとフェヒナーの名をあげ，この2人と知り合いになれたことを「運命の特別な賜（たまもの）」と思っていたと述べている（Wundt, 1920）．この3人はライプツィヒ大学の教授であった．ウェーバーは後にウェーバーの法則として知られることになる法則の提唱者として知られており，心理量の実験的検討の体系化にはじめて道筋をつけた人である．彼は感覚，中でも触覚を対象として研究を行い，比較的単純で統制のとれた実験研究スタイルを確立した．一方でフェヒナーはウェーバーの知見を足がかりにして精神物理学という物理量の世界と心理量の世界を橋渡しする領域を構想した．ウェーバーの行った実験結果を

$$\Delta I/I = K \quad (\text{I は刺激の強度，K は定数})$$

という形に整理してその意義を明確にしたのも，ウェーバー本人ではなくフェヒナーであった．そしてフェヒナーはウェーバーの法則を一歩先に進め，

$\gamma = k \log \beta/b$　　（γは感覚の大きさ，βは刺激閾，kとbは定数）

という定式化を行った．ここには心理量と物理量を等号で結ぼうという野心がみてとれる．この野心はすなわち，心理学に数学を適用しようとすることを体現しているから，その意味でカントの「不可能宣言」への挑戦状ということも可能である．なお，こうした等号関係を主張できる背景には実験的方法の整備が欠かせなかった．そこで以下では，ウェーバーおよびフェヒナーの考えや方法論について検討していく．まず，ウェーバーのもっていた問題関心や方法についてみていく．

2.4　感覚生理学と精神物理学の方法

●感覚生理学者ウェーバーの方法と法則

　ウェーバー（図2.2）はどのような興味から触覚研究を行い，また，どのように研究を進めたのか．

　まず彼の研究は，感覚生理学と呼ばれるべきものであり，触覚（touch）と筋肉感覚の研究であった．ウェーバー（Weber, E. H.; 1795-1878）は医学の訓練を受けた後，1821年からライプツィヒ大学で解剖学と生理学の教授となった．彼が研究したのは感覚のシステムであり，とくに触覚を対象としていた．19世紀末以降，感覚生理学は大きな発展をとげていたが，その関心はもっぱ

図2.2　ウェーバー（Weber, E. H.; 1795-1878）

ら視覚や聴覚に限られていた．当時は神経についての知識が増大していた頃であるから，視覚（聴覚）刺激がある神経を通して知覚を引き起こすというようなモデルによって，視覚や聴覚研究が行われていた．その一方で，触覚はウェーバーが扱うまであまり注目を浴びていなかったのである．

ウェーバーの触覚研究　そもそも触覚は単なる1つの感覚ではなくさまざまな感覚が関与しているものであり，その意味で1つのシステムであった．ウェーバーは1834年と1846年にそれぞれ著作を発表しているが，いずれもラテン語であったため「最も読まれていないのに最も引用される書物」とさえ評されたことがある．幸いなことに，これら2つの著作はロスとムーレイによって英訳されている（Ross & Murray, 1978）．

そもそもウェーバーは，触覚（sense of touch）が圧感覚，温度感覚，位置感覚という3つの感覚を私たちに与えているとした．ただし，位置の感覚は圧や温度の感覚に基づく二次的なものであると考えた（Boring, 1950）．ウェーバーが初期に研究したことの1つに，温度と触覚の複雑な関係がある（Mook, 2004）．例えば，額の上にコインをおいたとき，それが冷たいときには暖かいときより重く感じるということがある（Weber, 1834）．ウェーバーは（本来は別々の感覚である）温度の感覚と重さの感覚は皮膚の上ではなく脳で統合されるのだと考えたのである．その意味で，皮膚の上の物理的出来事に関する人間の心理を，体内の生理的システムで説明しようと試みていたといえるであろう．

そして，触覚を構成する3つの感覚のうちの位置の感覚は圧の感覚と密接に結びついている．身体上のある位置に触れるということは圧を加えるということにほかならないからである．圧をどこかに感じなければ位置も感じないであろう．例えば，一般に皮膚の上を何かの器具で触れる（圧を加える）と，単に触れられた感覚だけではなく，どこに触れられたかを感じることができる．自分の右手の指で左腕のどこかに触れれば圧を感じ位置を感じることができる．ただし，圧の感覚と位置の感覚も単純な関係ではない．ある指で他の指を触れた場合には，そこで生じる感覚は2つではなく1つである．また，外から何かで触れる場合でも，2つの器具で触れた場合でも1つにしか感じない場合がある．後者の問題はいわゆる触二点閾の問題であり，ウェーバーは円を描く道具であるコンパスを用いてこの問題に取り組んだ．

1点か2点か？：触二点閾の問題　最初ウェーバーは梁コンパス（beam

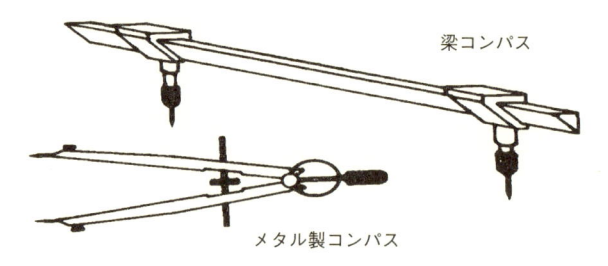

図 2.3 ウェーバーの時代のコンパス
ロスとムーレイ（Ross & Murray, 1978）による．ただし，ウェーバーの原著にあった図ではないと注記されていることに注意．

trammels；図 2.3 上）を用いたが，メタル製コンパス（ajustable compasses；図 2.3 下）を用いることがよいということに落ち着いた．この道具は 0.75 mm まで針の間を狭めることができた．彼の一連の実験でまずわかったことは，身体の部位によって 1 点と感じる距離が異なる，つまり閾値が異なるということであった．

　ウェーバーは感覚生理学者であり，神経システムの構造が，外界をどのように表象するのかということに関心があった（Ross & Murray, 1978）．皮膚上の触二点閾を例にとれば，ある 1 つの神経線維の異なる 2 点を刺激した場合には 2 点と感じられないと考えていた．ウェーバーによれば，「同じ神経線維の異なる二点を同じ強さで同時に刺激した場合には，ただ一つの感覚が生じると私は仮定する」とのことである（Weber, 1846）．こう仮定すると，身体の各部位において，弁別不可能な距離を測定するならば，身体の内部にあってみえない感覚器官（神経線維）の構造を推定することが可能になる．これこそがウェーバーが追求したことであった．つまり彼の問題意識は，理論的には感覚生理学の範疇だが，異なる 2 点を 2 点として感じられる（距離的な）長さはどれくらいかを検討しているという意味では，現在の心理学の視点からみると刺激閾と呼ばれる問題を扱っている，ということになる．ダンツィガーによれば，感覚をめぐる研究領域は，生理学と心理学の境界領域の中でもとくに両者の境目が不明瞭だったとされる（Danziger, 1997）．ウェーバーが自らこの境目を越境するつもりはなかったと思われるが，その方法論や成果は彼の意図を超えて心理学の領域に浸潤していった．

　違いに気づくか？：弁別閾の問題　　次にウェーバーが関心をもった問題の

中でも，とくに心理学にとって重要な意味をもつことになったもう1つの問題系（後に弁別閾と称される問題系）をみておこう．

ウェーバーは，重さの弁別の実験において，標準刺激とさまざまな比較刺激の重さの違いを判断する際の基準は絶対的な差ではなく，相対的な差であることを見いだしていた．ここで重さの違いの判断は，オモリ（錘）の重さの感覚，2つのオモリの比較，判断というプロセスによって行われると推定される．

例えば200gのオモリを他の重さのオモリと比べてみるとする．すると，もう1つのオモリが201gであるときには重さの感覚は変わらない．つまり同じだと判断される．一般的には205g，つまり5gの違いがあると，重さが違うという判断が行われるようになる．ところが，この5gという重さに絶対的な意味があるのではなく，最初にもつオモリ（標準刺激）との比が重要なのである．もし仮に，最初に呈示されたオモリ（標準刺激）が400gである場合には，5gの違いは重さの違いを感じさせず，10gの違いがあると重さが変わったと感じられるのである．

ウェーバーは後によく知られるようになった

$$\Delta I/I = K \quad (\text{Iは刺激の強度，Kは定数})$$

という定式化を行ったわけではなく，「重さの違いは2つの重さが40:39のときでも弁別可能である」というような表現をしていた．分数形式の定式化を行ったのは前述のようにフェヒナーであり，やがてウェーバーの法則と呼ばれ，心理学の歴史において最初に数量化された法則であるとされる（高砂，2003）．なお，ウェーバーが行った実験のいくつかはその後に基本的な実験の技術として基礎実験実習などに取り入れられ，現在の心理学教育にも用いられている．その意味で，最初の心理学実験法はウェーバーによって開発されたということも可能である．ただし，ウェーバー自身には心理学という学問を作り上げるとか，方法論を整備するなどの意図はなかったこともまた重要な点である．

● **フェヒナーによる精神物理学の確立：その問題意識と方法**

ウェーバーの研究を自らの研究構想に取り入れて発展させたのはフェヒナー（図2.4）（Fechner, G. T.; 1801-1887）である．彼は物理学の訓練を受け，1834年にライプツィヒ大学教授となったものの，病を得て1839年には退職してしまう．一種の心気症だったと考えられている．だが，その間も彼はある問

図 2.4 フェヒナー (Fechner, G. T. ; 1801-1887)

題を考えていた.彼は自然 (nature) が1つの体系であると考えていた.

心理と物理を関係づける工夫　フェヒナーは心身二元論的前提をもちながら,心身は同じ実在を違う側面からみたにすぎないと考え,感覚量と物理量との間に数学的な関数関係を考えたのである(苧阪, 2001).ウェーバーの実験が示していたように,感覚に関する物理的変数と心理的変数は同一ではなかった.前述のように,ある重さのオモリにある重さのオモリを足すときには,物理的変数としての重量は存在しても,重さの差異がもとの重さの 1/40 以下であったならその重量は感じられないのである.なお,このように違いが認識できる最小の単位は後に丁度可知差異 (just noticeable difference) と呼ばれることになる.重さの丁度可知差異は標準刺激の 1/40 であるとされる.丁度可知差異は後には弁別閾と呼ばれることになる.この定式化およびその心理学的な価値づけ自体は,フェヒナーによって確立されたものである.ここで,標準刺激とは最初に被験者に呈示された刺激のことである.重さ(の感覚)でいえばオモリの重さ,長さ(の感覚)でいえば線の長さなどさまざまである(注12).

ウェーバーの法則

丁度可知差異 = 弁別刺激/標準刺激 = 一定

$\Delta s/s =$ 一定

注12　例えば,ウェーバーによれば,長さの弁別は 1/100 である (Weber, 1846).

また，おもしろいことに同じ重さの弁別でも，皮膚に押しつけて重さを感じる場合には1/30の差を弁別できるとのことである．

ウェーバーは感覚の基礎となる感覚器官およびその生理学メカニズムの研究に重きをおいており，そのためにこそ感覚を量的にとらえる工夫が必要だった．これに対してフェヒナーは丁度可知差異という感覚を1つのものさしにしてウェーバーの先に行こうとした．これがフェヒナーの貢献である（Wozniak, 1999）．

フェヒナーは心的感覚が等差的に変化するためには，与えられる物理的刺激は等比的に変化させなくてはならないという推測のもとに実験を繰り返し行い（高砂，2003），有名な法則を提唱した（Fechner, 1860, II, p.13 の(3)式）．

フェヒナーは自らが定式化したウェーバーの法則を足場として利用した．すでに述べたように

$$\Delta x/x = 一定$$

という式は刺激と刺激の関係を表しているにすぎない．フェヒナーはこれを感覚を主題とする式へと書き換えたのである．感覚の変化は刺激の変化に対してある一貫した方法で従うとするなら，先の式を

$$\Delta s/s = 一定$$

とすることも可能になるだろう（注13）．さらに彼はΔsが微分可能であると仮定し，積分することによって感覚sと刺激との関係を新たに定式化したのである．

フェヒナーの法則

$\gamma = k \log \beta/b$ （γは感覚の大きさ，βは刺激閾，kとbは定数）

注13 ΔxはΔsと等価ではなく，xとsも等価ではない．しかし，それぞれ一定の関係で対応しているのだから，両者とも置き換えればその式が一定であるという関係も変わらないと仮定したことになる．

フェヒナーは丁度価値差異を弁別閾としてとらえ，刺激の存在自体が感知される最小の刺激強度である絶対閾と区別した（高砂，2003）．もともと感覚がない状態からはじめて感覚が生じる閾値についての研究はフェヒナーにとっては意識されない感覚（下意識）を検討するという意味をもっていた．むしろこ

表 2.1 フェヒナーによる3種の精神物理学的測定法（岡本，2001による）

平均誤差法（調整法）	標準刺激に対して変化する比較刺激を上昇・下降両系列によって反復して異同の判断を求める．実験者もしくは被験者が比較刺激を変化させて呈示する．刺激等価法とも呼ばれる
丁度可知差異法（極限法）	標準刺激に対して連続的に変化する比較刺激の呈示を行い，異同の判断を求める．上昇・下降いずれかの系列を用いる．実験者が刺激を変化させて被験者が答える
当否法（恒常法）	測定値が存在する範囲をあらかじめ定め，標準刺激に対して複数の比較刺激をランダムに呈示して異同の判断を求める

れこそが，フェヒナーの主要な問題意識であった．なお，閾という用語はすでに哲学の文脈でヘルバルトが用いていたものである．

精神物理学的測定法の考案　フェヒナーは，閾値における感覚の発生や成立について研究するためにいくつかの方法を工夫した．与えられた刺激に対する感覚を報告してもらうための実験方法である．ここでフェヒナーは感覚そのものを被験者に記述してもらったのではなく，閾の存在のみを尋ねていることは注意を要する．被験者の報告は感覚を生じたか否か，違いを感じたか否か，といういわゆる「ゼロイチ判断」である．この点が最も重要な点であろう．どれくらいの重さを感じたかとか，どんな感じがしたかなどを報告してもらうのではなく，差異があるかどうか（何もない状態との差異が絶対閾，ある状態と他の状態との差異が弁別閾のことをそれぞれ示している）を報告してもらっているのである．

フェヒナーは閾値を決定するために「平均誤差法」「丁度可知差異法」「当否法」の3種類の測定方法を考案した．これらはそれぞれ現在では「調整法」「極限法」「恒常法」として知られている（表2.1）．

不可能宣言を超えて　刺激の値を体系的に操作することによって被験者の反応の違いを得るということは，近代心理学の基本的パターンとなっている．その意味で実験方法の基礎はフェヒナーが作ったといえるのだが，その価値を心理学の文脈に見いだして位置づけた人たちこそが後に心理学者と呼ばれることになるのである．

フェヒナーは精神物理学を外的精神物理学と内的精神物理学とに分けた．前者は刺激強度と反応の関係を扱うもので，後者は身体内部の過程と感覚強度との関係を扱うものであった（Fechner, 1860）．後者の身体内部の過程について

は，今日では脳内の生理興奮過程としてとらえることができるという考え方もある（Murray, 1993；苧阪，1994）．

ウェーバーの法則の数式が刺激どうしの関係を表したものにすぎなかったのに対して，フェヒナーの法則の数式は感覚量と刺激との関係を表す関数である．そして，ウェーバーの研究は実験に基づいた数式化であるから，実験可能で数式による表現が可能だといえる．そしてこれはカントが要請した「心理学の科学化」の2つの要件に合致する．

また，ウェーバー法則とフェヒナー法則を比べるなら，後者ではある種の予測も可能となる．後に科学哲学者のポパー（Popper, K.；1902-1994）は科学の定義として，「科学理論は実験（客観的データ）によって反証できなければならない」と主張しているが，フェヒナーの法則はこの基準にも合致する．予測の当たり外れも実験で確認可能であるから否定することもできる．実際，フェヒナーの法則は刺激が極度に大きかったり小さかったりする場合には当てはまらないことが確かめられており（これはウェーバー法則が当てはまらないという理由にもよる），一見すると法則の限界を示しているようであるが，こうした限定があることは科学としての価値を減じるものではないのである．

●反応時間と個人方程式

心理学の方法において，フェヒナーの方法は精神物理学的方法と総称されるが，このほかにもいくつか重要なパラダイムがある．その1つが反応時間測定である．

反応時間への興味　反応時間の問題が着目されたのは天文学におけるちょっとした事件がきっかけであった．これはまた個人差ということでも心理学に大きく関係している事件である．1796年，イギリスの天文台で計測をしていた助手が，所長との計測時間の違いを理由に解雇されたというものである．望遠鏡で空を見上げ，線上を星が横切ったときに報告するのが仕事であるが，その時間が一致しなかったのである．

20年後，1816年にケーニスベルグの天文学者ベッセル（Bessel）がこの出来事とその顛末に興味をもった．彼は望遠鏡の中の線上を星が通った瞬間を知らせるということには，そもそも個人差があるのではないかと考えたのである．つまりベッセルは知覚的判断には個人差が存在すると考え，個人方程式を提案した．2人の測定者がいるときに，個人ごとの定数を考慮することで数値

は合致するとしたのである．この問題は測定機器の精度向上によって天文学者たちの関心は薄れていった．

ところがこの問題は形を変えて生理学者たちの興味をひくようになった．こうした反応の個人差は何に由来するのか，ということである．先の例で助手を解雇した所長は，測定報告のプロセスについて粗大なとらえ方をしており，報告した数値が自分と違っている人間は間違いだと決めつけていた．しかし，何かを知覚し，それを報告するということは，知覚し，判断し，弁別し，反応するというプロセスを内包している（Mook, 2004）．反応時間を指標とすることでこうしたプロセスについて知識を得られるのではないかと考えたのが当時の生理学者たちだったのである．

ドンデルスの減算法　こうした問題に関心をもったのが，オランダ・ユトレヒト大学教授で生理学・眼科学を専攻していたドンデルス（Donders, F. C.; 1818-1889）であった．

彼は減算法と呼ばれる実験パラダイムを創案した．これは一連の2つの実験からなる方法である．実験1として，刺激（例えば光）に対して一般的反応（例えば1つしかないボタンを押す）が起こるまでの時間を先に測定する．そして，実験2として異なる刺激（例えば異なる光の2色）を呈示して，ある刺激に対する弁別的な反応を行うまでの時間を測定するのである（高砂, 2003）．

具体的にドンデルスの実験をみてみよう．おおむね以下のようなものであった（平野, 1994）．

ドンデルスの減算法（平野, 1994）
①実験者があらかじめ決められた Ki という発声をしたら被験者も Ki という（あらかじめ決められた）反応をする．これを a-反応時間と呼ぶ．
②実験者は Ka, Ke, Ki, Ko, Ku のいずれかを発声するが，Ki と発声したときにのみ被験者も Ki と発声し，それ以外には反応しない．これを c-反応時間と呼ぶ．
③実験者が Ka と発声すれば被験者は Ka, Ko と発声すれば Ko, Ki なら Ki というように反応する．これを b-反応時間と呼ぶ．

　ある実験結果によると，a-反応時間が平均 201 ミリ秒，c-反応時間が平均 237 ミリ秒，b-反応時間が平均 284 ミリ秒となった．ドンデル

スはこの3つの値を減算操作することで心的プロセスの時間を推定しようとしたのである．
　弁別の心的過程の時間＝「c-反応時間」-「a-反応時間」＝ 36 ミリ秒
　選択の心的過程の時間＝「b-反応時間」-「c-反応時間」＝ 83 ミリ秒

　ドンデルスは，①の実験は知覚して反応するまでの時間，②は知覚，弁別，反応の時間，③は知覚，弁別，反応選択，選択の時間をそれぞれ測定したと考えていることがわかる．この実験パラダイムでは知覚と反応の時間を切り分けることはできないのだが，②から①を減算するなら知覚＋反応時間が切り分けられないことの影響を受けずに弁別のプロセスのみを取り出すことができると彼は考えたのである．

　同時期に反応時間パラダイムの活用に関心をもっていたのがヴントである．彼はドンデルスによるこのような仮定がすべて正しいわけではないと考えながら，いくつかの実験を複合的に行って減算法を行うことで，さまざまな心的プロセスの時間を測定し，そのことによって心的メカニズムの理解を進めようとした．彼は情報の統合を意味する統覚ということに関心をもっていた．ヴントは心的プロセスを有意衝動，知覚，統覚，認識，連想，判断という要素の集まりとして考えていたから，単純な加算，減算によってその理解が可能だと考えていた．しかし，後にキュルぺらの批判を招くことになった（平野，1994）（注 14）．

注 14　反応時間を指標にする実験は，その後認知心理学の勃興によって再び脚光をあびることになった．反応時間パラダイムにはさまざまな批判はありうるが，時間を一種のものさしにした結果として，時間経験を扱うことができなくなったことは最も重要な問題の1つであろう．

2.5　実験を中心にした心理学の成立

　では，なぜ，どのようにヴント（図 2.5）は反応時間の研究を必要としていたのか，彼が心理学の成立に果たした役割とはどのようなものであったのか．

●**統括者としてのヴント**
　従来の心理学史では，ヴントは「心理学の父，なぜなら心理学実験室を作っ

図 2.5 ヴント (Wundt, W. : 1832-1920)

た人だから」という形で認知されており，学範（ディシプリン）としての心理学は実験方法を開発したフェヒナーによって確立されたという主張がなされることさえあった．これはボーリングの『実験心理学史』(Boring, 1950) の影響を受けているという意味でボーリング史観ということができるだろう．

　しかし，ヴントの功績は心理学実験室を作ったことだけではない．ヴントの功績は実験を心理学の主要部分に位置づけたことである．当時の心理学においては（感覚生理学の影響を受けていることもあって），感覚の問題が主要なトピックであった．

　ヴォルフの心理学が能力を，ヘルバルトの心理学が観念を対象にしていたのに対し，ヴントの心理学をその対象から考えると，意識を対象にした心理学であるということができる．

　フェヒナーによる精神物理学という発想と研究法は当時のすべての人々に受け入れられていたわけではなかったが，ヴントはその意義を理解し，心理学の文脈に位置づけたのである．精神物理学という名称を用いたことからもわかるとおり，フェヒナーはそれまでの心理学の流れとは異なる場所に立とうとしていた．フェヒナーは「心理学」の実験法を開発するつもりなどまったくなかったといってよいだろう．しかし，ヴントはフェヒナーが開発した方法を心理学の文脈に位置づけたのである．このことによって，心理学の科学化に関するカントの「不可能宣言」はほぼ克服されたといえるのである．

2.5 実験を中心にした心理学の成立

ヴントは1856年にハイデルベルク大学の医学部を卒業し，1858年から5年間ヘルムホルツの助手をしていた．そしてハイデルブルグ大学で私講師を務めることになる彼は，1862年以降「自然科学からみた心理学」「生理学的心理学」「心理学（精神疾患を含む）」「心理学」という題目の講義を繰り返し担当していた（Diamond, 2001）．

そして，ヴントの出世作は1874年に出版した『生理学的心理学綱要』である．この著作において彼は，生理学と心理学との間に同盟関係を築くことで，従来の心理学の系譜をひく内観心理学に実験生理学の手法をとり入れたのであった（佐藤，2006）．刺激を体系的に変化させることによって内観報告を実験的に得ることができるようになり，それによって心理学における実験の意味が明確になり，そのことが実験心理学という名称を不動のものにしたと考えられるのである（Wozniak, 1999）．

ここでの内観は言語報告まで含むものであり，被験者に求められたのは刺激を変化させたときの感覚の違いを要素に分けた上で要素間の関係として言語で表現することであったから，こうした繊細な作業のためにも実験室という独立した建造物が必要だったのである（Fuchs & Milar, 2003）．現在であれば，独立家屋でなくてもこうした条件は簡単に作り出すことができるはずであるし，実際，心理学実験室は鉄筋コンクリートでできたビルの一角を占めるだけで十分である．

ヴントは心理学において直接経験を研究対象の中心にすえた．これはフェヒナーが外界と内界の関係を問おうとしたことや，個別の感覚ではなく丁度可知差異によって感覚を理解しようとしたこととは異なっていた点である．ヴントは直接経験が要素（感覚，イメージ，フィーリング）によってなっていると考えていた．

直接経験と間接経験というのは若干の説明が必要である．ヴントはいわゆる自然科学を間接経験による領域と考えていた．つまり，意識などを媒介させなければ自然について理解することはできないので「間接」なのである．一方で，人間が自分の意識について内観するのは直接経験といえるのである．

ヴントはすでに1862年の時点で『知覚説において』の中で，実験の拡張が必要だと訴えた．

観察者は，いつプロセスが導入されたか（始まったか）を決定できるようでなければならない．彼らはレディネスの状態，つまり，緊迫した注意の状態にいなければならない．それは，観察者が何度も観察を繰り返すことによって可能となる．実験条件は，統制された刺激操作による変動が可能でなければならない．　　　　　　　　　　　　　　（Wundt, 1862；引用者が英訳から転訳）

　内観法とは，単に自分の経験を言語化するだけのことを意味するのではなく，ヴントはそうした自己観察についてはこれを否定していた（高砂，2003）．以下の文章にそうしたヴントの考えがよく現れている．

　　　この分野（＝生理学的心理学；高砂（2003）訳注）の問題はまた生理学にも密接に関連しており，生理学固有の領域へと拡がることもあるが，大部分の問題はこれまで心理学の領域に属していた．しかし，それらの問題を克服するために生理学的心理学が持ち出してくる知識というのは，母体となる両方の分野から借りてきたものである．心理学的な自己観察が実験生理学の方法と共に進み，後者の前者への応用から，実験的研究の固有の分枝として精神物理学的方法が発展してきた．ゆえに，方法の独自性に重点を置こうとするならば，私たちの学問は実験心理学として，一般的な純粋に自己観察のみに基づくような心理学（独 Seelenkunde）とは区別できる（高砂（2003）訳注：ドイツ語のSeelenkunde は「心理学」を意味する古い表現で，例えていうならば「医学」に対して「医術」というようなニュアンスをもっている）．
　　　　　　　　　　（Wundt, 1874；高砂，2003（訳）；傍点はヴント自身による）

　このようにしてヴントは，それまでの思想潮流に位置づいていた心理学と当時勃興していた新しい方法論とを生理学的心理学として統合した．そして，それが同時代の研究者の支持を受けることになったのである．生理学的心理学はやがて実験心理学と呼ばれるようになった（新心理学とも呼ばれた）．
　ただし，ヴントは実験技法を重視していたものの（若干意外ではあるが）彼は自身のことを心理学者と規定したわけではなかったようだし，「実験」心理学者であるとも規定していなかったようでもある．意外に思われるかもしれないが，ヴントはドイツにおける実験心理学者の会に入っていなかった．また，45 年間に指導した 186 本の博士論文のうち，70 本は哲学的色彩の強いものだったという（Tinker, 1932）．では，ヴントが果たした心理学史上の役割の意義は何か，以下でもう少し考えてみたい．

2.5 実験を中心にした心理学の成立

● 1879 年の意味

1879 年＝心理学実験室設立，という紋切り型的な知識はもはや正しくない．近年の心理学史研究では，1879 年にライプツィヒ大学で達成されたのは「私的セミナー」の公式化であるとされている（Bringmann & Ungerer, 1980）．そもそも 18 世紀後半のドイツの大学では，ある領域についてのセミナーはまず私的に始められ，それが十分に機能するようになったときに大学から公的に認められるようになるのであった．

ヴントは大学において博士の学位を授与するシステムを整え，学術誌『哲学研究』の出版体制も整えた（1881）．ボーリングは『実験心理学の歴史』の中で 1888～1903 年にこの学術誌に掲載された 109 本の論文内容を検討することによってヴントの実験室で行われていた心理学の内容を検討している（Boring, 1950）．ここではロビンソンによるまとめを利用してその特徴をみてみたい（Robinson, 2001）．

① 1/2 以上が感覚・知覚領域であり，それは時期が下るほど増えている．
② 1/6 が反応時間に関するもので，1890 年より前である．
③ 1/10 が注意と感情に関するもので，1890 年代に行われている．
④ 連合に関するものが 1/10 よりやや少ないくらいある．

ボーリングによれば，感覚・知覚領域の研究のほとんどが視覚研究であった（Boring, 1950）．視覚はニュートンからヘルムホルツに至る伝統的研究テーマであるが，ヴントはフェヒナーによって確立された方法論によって新しい知識を蓄積したのである．光や色に関する研究が行われていた．次いで聴覚の研究がいくつか行われているが，ウェーバーの流れにのる触覚の研究はわずかである．同じく味覚研究もごくわずかにあるものの，匂いを扱った論文は『哲学研究』には掲載されていなかった．

● 同時代人に評価される存在としてのヴント：心理学実験の成立

ヴントが立役者として賞賛されたのは同じような関心をもつ人が多かったからでもある．つまりヴントだけが心理学の科学化を行っていたのではなく，多くの人々が同様に興味をもち悪戦苦闘していたのである．イギリスには経験主義の系譜をくむベインがいた．フランスにはジャネやビネがいた．ドイツにはエビングハウス（Ebbinghaus, H. ; 1850-1909）がいた．アメリカには生理学から心理学に関心を移した（そしてさらに哲学に移っていった）ジェームズが

いた．ともに似たような関心をもち，評価する人たちが存在するからこそヴントの取り組みは大いに賞賛されたのである．

例えばベインは心理学の最初の学術誌といえる『マインド』を創刊したが，これによって関心を同じくする人たちの知的共同体ができた．本章ではイギリス経験論の流れや進化論の流れを詳述することはできなかったが，ダーウィンが子どもの観察研究を発表したことも（Darwin, 1877），心理学の学範（ディシプリン）形成には影響があった．

統括者としてのヴントが登場してから，心理学は良い意味でも悪い意味でもまとまった1つの学範を作り上げていった．しかし，本章ではそれらをすべて扱うことはできない．以下では補論という扱いとして，ヴント以後の心理学のあり方について，ヴントと同時代人の実験心理学者としてエビングハウスを，実験実習というシステムを作り上げたヴントの弟子としてティチナーを取り上げてみたい．

2.6 補論　ヴント以後の心理学から

●ヴントと同時代でより洗練された研究：エビングハウスの心理学

　ヴント以後の心理学のあり方について，ヴントと同時代人の実験心理学者としてエビングハウスを取り上げて，当時の心理学実験が洗練されていく様子をみてみよう．実際，彼の著書を読むと，記憶を実験的に扱うための工夫と苦労を読み取ることができる．エビングハウスはベルリン大学でトレンデレンブルグ（Trendelenburg, F. A.；1802-1872）に師事．普仏戦争に従事した後，1873年にボン大学で博士号（無意識の哲学）．その後，独学で研究．1875〜1878年はフランス・イギリスにおり，その間にフェヒナーの著書『精神物理学要綱』に出会う．

　その後，感覚研究が成功を収めた心理学において，記憶や思考の科学的研究がなされていないことを漠然と知る．そして独学で記憶の実験的研究に挑む．1879〜1880年と，1883〜1884年に，実験を行った．最終的に1885年に『記憶について』を出版した．

　まず，エビングハウスの研究は心理学の対象を高次精神過程に適用したところに意義がある．そして，彼自身が著書の副題として「実験心理学への貢献」

と銘打っていることや，巻頭言として選んだ引用句（De subjecto vetustissimo novissimam promovemus scientiam；最古の題目から最新の科学を我々は引き出す）からわかるように，科学的研究を推進させることこそエビングハウスの目標の1つだったと思われる．

現在，エビングハウスの実験結果は「忘却曲線」として知られている．時間経過とともに忘却が進むということが実験結果によって示されている．だが，彼が算出したのは正確には節約率である．同じリストを再学習するために必要な時間が，再学習後開始時の時間とどのような関係をもつのか，ということを行ったのである．ここでは「忘れた」かどうかは問題になっていないのである．

エビングハウスによる「再学習を行ったときの時間の節約率（Q）」

$$Q = (t_1 - t_2)/t_1 * 100$$

t_1：最初に覚えたときかかった時間

t_2：再度学習したときにかかった時間

つまり，きわめて重要なことであるが，この数式を算出するために測定する必要があるのは時間のみである．

リストを完全に覚えるという状態は，行動レベルで把握することが可能である．そして，何もしないでいれば，リストを完全に思い出すことは難しい．そこで，覚える努力をする．すると，最初のときよりはやや容易に覚えることができる．今，覚えることができるといったがこれは曖昧であり，言語的に再生できるというのがふさわしい．記憶そのものにアクセスすることは原理的に不可能なのである．時間と節約率をプロットするといわゆる忘却曲線が得られる．この忘却曲線について，実験式と数理モデルを適用できる．ここにおいて，感覚レベルではなく記憶という高次な心理過程において，実験することと，数式で表現することが，達成できたといえるのである（注15）．

注15　このような問題意識はフランスのビネももっていた．なぜ心理学者は感覚レベルの研究にとどまるのか，ということへの疑問である．人間の知性についてより包括的かつ実験的にとらえようという試みがいわゆる知能検査につながっていったのである．

つまり，カントが考える科学の要件，実験と数式化を可能にする工夫が，エビングハウスにとって無意味綴りと節約率だったのだと考えられる．なお，当時の科学志向をみてとれる他の研究テーマとしては，例えば混色の実験がある．360°の円をいくつかに分割し色を塗る．それを回転させたときにどのような色感覚を得られるか，という実験をするのである．いわゆる3原色の色を角度を変えて塗って回すとどうなるか，というような研究が行われていた．混色器という実験器具も開発され，現在も使用されている．

◉ティチナーによるカリキュラム整備：基礎実験

ヴントのもとで1892年に学位をとったイギリス人のティチナー（Titchner, E. B.；1867-1927）は数カ月後にはアメリカに移住し，コーネル大学に心理学実験室を開設した．彼は実験室においていかに実験を行うべきかに関するマニュアルを4巻本の『実験心理学』（Titchner, 1901〜1905）として出版した．全4巻のうち2巻はインストラクター用，残り2巻が学生用になっており，それぞれが定量的実験と定性的実験からなっている．現在，この本について直接知っている人はほとんどいないだろうが，多くの大学で行われている心理学基礎実験の方法自体がこの本に負っている（高砂，2003）．

日本の例をあげれば，元良勇次郎が最初に行った精神物理学や，その後東京帝国大学心理学教室が出版した『実験心理写真帖』，京城帝国大学の実験実習マニュアルをみてみれば初期の心理学が何を重視していたのかがわかる（これらの内容は佐藤（2002）を参照のこと）．あるいは現在でも行われている各大学の実験実習において触二点閾が含まれているならそれはティチナーの影響かもしれない．

2.7 「方法」前史の意義

どのような学問分野でも，問題意識の数を方法の数と比べたならば，後者の方が少ないはずである．このことは方法にはある程度汎用性があることを意味するし，個々人からすると，数少ない方法の中から自身の問題に適用させる方法を選び，さらに自分の問題によりふさわしい形に修正する必要がでてくる．したがって，問題意識に裏打ちされた方法論の習得は非常に重要な意味をもってくる．方法を知ることこそが自分で問いを見つけて解くための必須の条件な

のである．一方，これまでの学問とは異なる問題を見つけることこそが新しい学問の成立であるなら，逆説的ではあるが，それには問題を解くための方法への真摯な取り組みが必要となる．解きたい，考えたい問題に対して適切な方法をつくりだすこと．心理学前史はまさにそうした取り組みであり，方法論の整備は，心理学を設立すること自体の目的のために行われたのではない．あくまでも個々人の問題意識に支えられて成り立っていたし，そうした個々の努力が結果的に1つの学範を創出したのである．

　本章では心理学における多様な方法論の展開を追う予定であったが，実際には心理学において実験という手法に収束していったさまをドイツの哲学・思想状況というある視点から描写するにとどまった（注16）．カントの不可能宣言とその背景，フェヒナーの精神物理学的手法に至る経路と，それに直結したヴントによる心理学の統合が本章のメインテーマとなった．カントは心理学に少なからぬ興味をもっていたが，フェヒナーは心理学に関心がなかったという皮肉な状況を改めて浮彫にした．

> **注16**　例えば本章で扱えなかった問題に，反射の問題がある．18世紀後半に活躍したスコットランドの生理学者ウィットは，条件反射として知られる現象を記憶の問題として扱っていたなど多くの興味深い問題意識が存在していた（Danziger, 1997）．

　ヴントによって心理学が統合されると，方法論が適用される範囲がどんどん広がっていった．感覚や知覚をどのように説明するか．本能，反射，習慣といった概念で人間の反復的行動を説明できるか．また，注意，記憶，知能といったより複雑な人間の性質についてどのように理解するか．そして以上のようなプロセスの個人差の存在や異常的な振る舞いをどう扱うか．単なる差異ではなく，人間に一貫しているかのような性格の差異として扱うべきなのか．

　精神的異常，子どもの教育のための子ども理解，異人種，ことばが通じないようにみえる人をどのように理解すべきなのか．一方で進化論は動物と人間の連続性を見いだせと迫ってきていた．枚挙にいとまがないこうした人間への興味がどのように思想史的に形成されてきたのか，その理解があってはじめて方法の確立をメルクマールとする近代心理学成立の意味が理解されるであろう．

　新心理学の基礎となったのは3つの領域の実験的研究であると（新しい心理学史構築を目指す）リードはいう（Reed, 1997）．反射機能の研究，反応時間

の実験,そして精神物理学の研究である.本章では反射研究についてはほとんど触れることはできなかったが,それは今後の課題としたい.心理学は方法によって確立したのではなく,それまでの問題意識を扱い解を得ることができる方法が真摯に開発され(あるいは他からアブダクション(転想)もしくは転用して),さらに新しい問いを見つけていくことができたからこそ,学問分野として成立したのである.こうした事情は分子生物学など多くの他の分野の事情と同じである.方法が切り開いたのは問題意識なのであって,方法が方法を切り開いたのではない.

19世紀までの心理学が細々とではあったが抱えていた問題関心の火を,19世紀半ば以降に,実験という方法が燃料となって大きな炎を燃えさからせることになったというのが心理学のあり方だったのだろう.方法は飛躍のきっかけであって,連綿とした問題意識があってこそ,方法が生きるのである.もっとも,この炎が大きくなり業火となったこともあった.劣った人種を同定し消滅させることを目的とした優生学の道具として用いられた心理学の成果(知能検査)もあった.本章ではそのような展開について扱うことはできなかったが,そうしたことに思いをめぐらすことも必要であろう(サトウ,2006参照).

エビングハウスは「心理学の過去は長いが歴史は短い」といった.この長さを私たちはどのように考えていただろうか.単にアリストテレスにさかのぼる,というような意味で「古さ」を自慢するのではなく,長さの質を実感することが重要であろう.あるいは,ベルグソンのいうような持続(duré)を実感することが重要であろう.

最後に,本章ではまったく触れることはできなかったが,こうして成立した近代心理学をなぜ日本の学者はわりとすんなりと受容できたのだろうか.これについては幕末期にオランダ留学を行った西周が,心理学を含む人文社会科学を広範に学びかつ心理学そのものを非常に評価していたことが1つの要因であると思えるが(佐藤,2005),この点については今後,詳細に検討すべきであろう.

[サトウタツヤ]

■文献
Boring, E. G. (1950). *History of experimental psychology.* 2nd ed. New York : Appleton-Century-Croft.
Bringmann, W. G., & Ungerer, G. A. (1980). The foundation of the institute for experimental

psychology at Leipzig University. *Psychological Research*, **42**, 5–18.

Chesselden, W. (1728). Observations made by a young gentleman, who was born blind, or lost his sight so early, that he had no remembrance of ever having seen, and was couched between 13 and 14 years of age. *Philosophical Transactions of the Royal Society of London*, **35**, 235–237.

Darwin, C. (1877). A biographical sketch of an infant. *Mind*, **2**, 285–294.

Diamond, S. (2001). Wundt before Leipzig. In R. W. Rieber, & D. K. Robinson (Eds.), *Wilhelm Wundt in history : The making of a scientific psychology*. New York : Kluwer Academic Plenum. pp. 1–68.

Danziger, K. (1997). *Naming the mind : How psychology found its language*. London : Sage.（河野哲也（訳）（2005）.心を名づけること　勁草書房）

Ebbinghaus, H. (1885). Über das Gedchtnis. Üntersüchungen zur experimentellen Psychologie. Leipzig : Duncker & Humblot; the English edition is Ebbinghaus, H. (1913). *Memory : A contribution to experimental psychology*. New York : Teachers College, Columbia University (Reprinted Bristol : Thoemmes Press, 1999).（望月　衛・宇津木保（訳）（1978）.記憶について　誠信書房）

遠藤利彦（2007）.語りから"見え"を探る――知覚心理学における質的研究　質的心理学研究, **6**, 200–201.

Fechner, G. T. (1860). *Elemente der Psychophysik*. Breitkopf & Hauml ; rtel.

Fuchs, A. H., & Milar, K. S. (2003). Psychology as a science. In D. K. Freedheim (Ed.), *Handbook of psychology : History of psychology* Vol. 1, New York : Wiley. pp.1–26.

Green, C. D., Shore, M., & Teo, T. (2001). Introduction. In Green, Shore and Teo (Eds.), *The Transformation of psychology*. Washington, D. C. : American Psychological Association.

平野俊二（1994）.反応時間研究　梅本堯夫・大山　正（編著）心理学史への招待　サイエンス社　pp. 81–88.

犬竹正幸（2000）.解説カント全集 12　自然の形而上学　岩波書店

門林岳史（2003）.名の流通――〈フェヒナー〉について　表象文化論研究 1（特集：身体のロマン主義とリアリズム）pp. 98–127.

Kant, I. (1786). *Metaphysische Anfangsruuml ; nde der Naturwissenschaft*. Riga : Johann Friedrich Hartknoch.（犬竹正幸（訳）（2000）.カント全集 12　自然の形而上学　岩波書店）

近堂　秀（2004a）.心の存在と非存在――近代啓蒙思想の「こころ」の学　理想, **672**, 97–105.

近堂　秀（2004b）.カントの「心の哲学」　法政大学文学部紀要, **50**, 51–70.

Locke, J. (1689). *An essay concerning human understanding*.（大槻春彦（訳）（1972）.人間知性論 1（1），岩波書店）

増田惟茂（1933）.実験心理学　岩波書店

Molyneux, W. (1687). Concerning the apparent magnitude of the sun and moon, or the apparent distance of two stars, when nigh the horizon and when higher elevated. *Philosophical Transactions of the Royal Society of London*, **19**, 314–323.

Mook, D. (2004). *Classic experiments in psychology*. Westport, conn. : Greenwood Press.

Murray, D. J. (1993). A perspective for viewing the history of psychophysics. *Behavioral and Brain Sciences*, **16**, 115–186.

無藤　隆・やまだようこ・南　博文・麻生　武・サトウタツヤ（編）（2004）.質的心理学――創造的に活用するコツ　新曜社

Nayak, A. C., & Sotnak, E.（1995）. Kant on the impossibility on the 'soft science'. *Philosophy and Phenomenological Research*, **55**, 133-151.
西脇与作（2004）. 科学の哲学　慶應義塾大学出版会
大橋容一郎（2003）. 見なしと仮説――学の方法論とカント　日本カント研究, **4**, 25-50.
岡本栄一（2001）. 精神物理学　中島義明（編）現代心理学［理論］事典　朝倉書店　pp. 104-108.
芋阪直行（1994）. 精神物理学的測定法　大山　正・今井省吾・和気典二（編）新編・感覚知覚心理学ハンドブック 総論2　誠信書房　pp. 19-41.
芋阪直行（2001）. 精神物理学的理論　中島義明（編）現代心理学［理論］事典　朝倉書店　pp. 215-234.
Oyama, T., Torii, S., & Mochizuki, T.（2005）. Pioneer studies on perception in the 1930's : A historical background of experimental psychology in Japan. *Japanese Psychological Research*, **47**, 73-87.
Reed, E. S.（1997）. *From soul to mind : The emergence of psychology from Erasmus Darwin to William James*. Yale University Press.（村田純一・鈴木貴之・染谷昌義（訳）（2000）. 魂（ソウル）から心（マインド）へ――心理学の誕生　青土社）
Rodinson, D. K.（2001）. Reaction-time experiments in Wundt's institute and beyond. 161-200. In R. W. Rieber & D. K. Robinson（Eds.）, *Wilhelm Wundt in history : The making of a scientific psychology*. New York : Plenum. pp. 69-94.
Ross, E., & Murray, D. J.（Eds.）,（1978）. *E.H. Weber on the tactile senses*. London : Academic Press.
佐藤達哉（2002）. 日本における心理学の受容と展開　北大路書房
佐藤達哉（2005）. 西周における「psychology」と「心理学」の間　島根県立大学西周研究会（編）　西周と日本の近代　ぺりかん社　pp. 217-251.
佐藤達哉（2006）. 心理学の歴史　海保博之・楠見　孝（監修）　心理学総合事典　朝倉書店 pp. 1-18.
サトウタツヤ（2006）. IQを問う　ブレーン出版
佐藤達哉・尾見康博（1994）. ポップとアカデミック――現代日本の心理学における2つの流れ　AERA-Mook3　心理学がわかる　朝日新聞社　pp. 120-128.
サトウタツヤ・高砂美樹（2003）. 流れを読む心理学史――世界と日本の心理学　有斐閣
Sturm, T.（2006）. Is there a problem with mathematical psychology in the eighteenth century? A fresh look at Kant's old argument. *Journal of the History of the Behavioral Sciences*, **42**, 353-377.
高橋澪子（1994）. 実験心理学の独立　梅本堯夫・大山　正（編著）心理学史への招待　サイエンス社　pp. 91-110.
高砂美樹（2003）. 19世紀の心理学　サトウタツヤ・高砂美樹（2003）. 流れを読む心理学史――世界と日本の心理学　有斐閣　pp. 9-42.
Tetens, J. N.（1777）. *Philosophische versuche üer die menschliche natur und ihre entwickelung*. Leipzig.（人間本性とその発展に関する哲学的試み）
Tinker, M. A.（1932）. Wundt's doctorate students and their theses : 1875-1920. *American Journal of Psychology*, **44**, 630-637.
Titchener, E. B.（1901-1905）. *Experimental psychology : A manual of laboratory practice. 4 vols*. New York : Macmillan.
鳥居修晃・望月登志子（2000）. 先天盲開眼者の視覚世界　東京大学出版会

文　　献

Weber, E. H.（1834）. De pulsu, resorptione, auditu et tactu. *Annotationes Anatomicae Et Physiologicae*. Koehler, Leipzig.（上述 Ross, E., & Murray, D. J.（Eds.）,（1978）. の中の英訳を使用）
Weber, E. H.（1846）. *Die lehre vom tastsinn und gemeingefuhl*. Braunschweig.（Ross, E., & Murray, D. J.（Eds.）（1978）. の中に英訳あり）
Wozniak, R. H.（1999）. *Classics in psychology, 1855-1914* : Historical essays. Bristol, UK : Thoemmes Press.
Wundt, W.（1862）. *Beiträge zur Theorie der Sinneswahrnehmung*. Leipzig, Heidelberg : C. F. Winter.（英訳版を用いた. Wundt, W.（1961）. Contributions to the theory of sensory perception. In T. Shipley（Ed.）, *Classics in Psychology*. New York : Philosophical Library. pp. 51-78, p. 72.）
Wundt, W.（1874）. *Grundzüge der physiologischen Psychologie*. Wilhelm Engelmann.
Wundt, W.（1920）. Erlebtes und Erkanntes. Kröer,Stuttgart.（川村宣元・石田幸平（訳）（2002）. 体験と認識 ヴィルヘルム・ヴント自伝　東北大学出版会）
Zajonc, A.（1993）. *Catching the light*. New York : Oxford Unibersity Press.

3. 測定をめぐる諸問題
―― いったい何を測定しているのか？

3.1 「測定」の辞書的意味と心理学

> **測定** はかり定めること．ある量の大きさを，装置・器械を用い，ある単位を基準として直接はかること．また，理論を媒介として間接的に決定すること．　　『広辞苑』
>
> **測定** 長さ・重さ・速さなど種々の量を器具や装置を用いてはかること．直接行う方法と，理論によって間接的に行う方法とがある．また，広く自然や社会の現象を記述するため，一定の規則にしたがいその対象の量に数値をわりあてることをいう．　　『大辞林』
>
> **測定** ある量の大きさを，計器や装置を用いて測ること．　『大辞泉』

このように，「測定」を辞書で調べると，「装置」と「量」と「はかる」が共通している．「装置や器具を用いてものの量をはかる」ことが「測定」の辞書的な意味であるといってよいであろう．

ここでカギとなるのは，「装置」と「量」である．

近代心理学は，心理学実験室の開設によって誕生したとされている（第2章参照）が，「実験室」は「装置」「量」との相性がよさそうだ．何がいいたいかというと，心理学の誕生において，「装置」「量」は必然的に重要な役割を果たしたであろうこと，そしてつまり，心理学誕生と「はかる」こととは，歴史的に密接不可分であったといわざるをえないだろうということである．

本章では，心理学の実証研究の発展に大いに寄与してきた「測定」を批判的に論じる．とくに質問紙研究に用いられている尺度による「測定」を例にあげ，測定しようとしているもの，そして，それを支持する理論がどこまで有効

なのかを具体的に検討する．そしてその上で，「測定」にとらわれない心理学の意義について論じる．

3.2 「実験」の威力

● 「実験」の優位性

　心理学実験室の開設の後，実験室における実験は心理学の最有力の手法として定着したわけだが，それは同時に，測定が心理学にとってきわめて重要な位置を占める結果につながった．そして，測定対象が心理量であれ物理量であれ，測定するための装置には必然的に目盛りが刻まれ，データの数値化・数量化というものがごく自然なものとして心理学者の手元に用意されることとなった．

　また，心理学には以前からさまざまな下位分野があるが，それらの中でも，「実験」と頭につくことはある種の優位性を示すことにもつながっていった．典型的にはその名のとおり「実験心理学」があげられるが，それ以外でも，日本では，日本グループ・ダイナミックス学会が発行している『実験社会心理学研究』という雑誌が好例である．日本の心理学系の学会の場合，発行雑誌名は学会の名称に準じることが多いが，この『実験社会心理学研究』は例外である．機関誌の名称に「実験」をつけることで，ある種の権威性，優位性を示したものといえるかもしれない．

　日本以外ではどうであろうか．心理学関係論文のデータベース PsychInfo で"Experimental" をタイトルに含んだ雑誌数を調べたところ，2004 年刊行分で 25 誌も存在する（うち 1 誌は上記の『実験社会心理学研究』の英名）ことが明らかとなった（表 3.1）．

　なぜ，「実験」がある種の優位性をもつのだろうか．

　実証研究（empirical studies）であることを示すために，黎明期の心理学者は，「実験」の看板が心理学以外の分野，とりわけ自然科学分野に受け入れられやすいと考え，それが現在まで続いているのかもしれない．また，大学などでは実験講座であることが，研究費を多く配分してもらえることにつながったりするので，そうした政治的意図から「実験」という看板を主張したのかもしれない．

表 3.1 "Experimental" をタイトルに含む雑誌

Alcoholism : Clinical and Experimental Research
Australian Journal of Clinical and Experimental Hypnosis
Canadian Journal of Experimental Psychology
Experimental Aging Research
Experimental and Clinical Psychopharmacology
Experimental Psychology
Human Psychopharmacology : Clinical and Experimental
International Journal of Clinical and Experimental Hypnosis
Japanese Journal of Experimental Social Psychology
Journal of Behavior Therapy and Experimental Psychiatry
Journal of Clinical and Experimental Neuropsychology
Journal of Experimental and Theoretical Artificial Intelligence
Journal of Experimental Child Psychology
Journal of Experimental Education
Journal of Experimental Psychology : Animal Behavior Processes
Journal of Experimental Psychology : Applied
Journal of Experimental Psychology : General
Journal of Experimental Psychology : Human Perception and Performance
Journal of Experimental Psychology : Learning, Memory, and Cognition
Journal of Experimental Social Psychology
Journal of Pharmacology and Experimental Therapeutics
Journal of the Experimental Analysis of Behavior
Psicologica International Journal of Methodology and Experimental Psychology
Quarterly Journal of Experimental Psychology A : Human Experimental Psychology
Quarterly Journal of Experimental Psychology B : Comparative and Physiological Psychology

◉実験は基礎か？

　心理学の下位分野の名称は，社会心理学や発達心理学，あるいは教育心理学など，「研究対象＋心理学」となっている場合が多い（佐藤・渡邊・尾見，1994）が，「実験心理学（experimental psychology）」という名称は例外である．物理学における理論物理学と実験物理学の対比は有名であるが，心理学では理論心理学があまり活発とはいえない．そして，実験心理学の主たる対象である知覚や学習の心理学が心理学の中心とはいえなくなってからは，「実験」でも「理論」でもない分野が多数派を占めるようになった（注 1）．

　注 1　理論研究に関しては，以前からあったし，今もあるが，それらは例えば，「社会心理学」や「教育心理学」という下位分野内部での論考であることが多く，広く心理学全般を見通した，あるいは広く心理学全体に影響力をもった理論研究は数少ない．

心理学の下位分野を大別するもう1つの有力なものに,「基礎系-臨床系」という区分がある.これはおそらくは医学をモデルにしたものであろうが,心理学において,基礎と臨床が意味する範囲は時と場合によりまちまちなので,一概に述べることは難しい.しかし例えば,日本の学会名で考えてみた場合,日本基礎心理学会は,主として学習か知覚を専門とする心理学者によって構成されているし,日本心理臨床学会は,主として臨床実践をしている心理学者によって構成されており,いずれの学会にも所属していない心理学者は数多い.

　日本において少なくとも1980年代頃までは,実験心理学を自分の専門だという心理学者の数は多かったし,逆に理論心理学を自分の専門だという心理学者は少なかった(注2).その後,臨床心理学が世界的にも日本においても台頭し,実験心理学の隆盛は過去のものとなった.ここで興味深いのは,「実験から理論へ」でもなければ「基礎から臨床へ」という移行でもなく,「実験から臨床へ」という移行であったことである(注3).実験心理学が基礎心理学という別称をもつようになった,あるいはその別称を学会名に使用したりして社会的に明示したため,「実験(=基礎)から臨床へ」ということなのかもしれない(図3.1).

注2　理論心理学については現在も少ない.
注3　ここの文脈では,「移行」を心理学の主流の推移,あるいは心理学者数の推移という意味で使っているが,心理学者個人のレベルで,実験心理学者から臨床心理学者に衣替えしたという意味での「移行」も当然あった.一方で,表3.1をもう一度みてみると,"clinical and experimental"(あるいはその逆)をタイトルに含ん

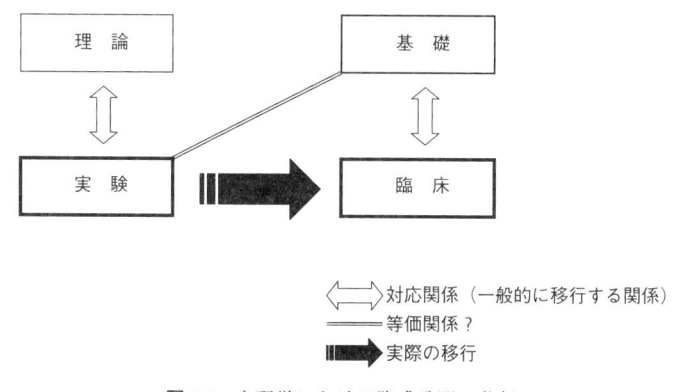

図3.1　心理学における隆盛分野の移行

でいる雑誌が6誌もある．分野によっては，「実験から臨床へ」という移行をせず，「実験も臨床も」という取り組みがなされていることに注意しておきたい．

「実験こそが基礎」という考えは，上記の心理学の歴史を考えてみれば，ある意味で自然である．一方で，実験は心理学の方法の1つにすぎない，ととらえると，少々奇妙でもあるが，このような流れの中で測定は実験心理学，基礎心理学における実証の方法として現在まで利用され続けている．

先に，実験心理学者とも理論心理学者ともいえない心理学者は多く，そして基礎心理学者とも臨床心理学者ともいえない心理学者も多い，ということを述べた．実験でも理論でも基礎でも臨床でもない領域，それは教育心理学，発達心理学，社会心理学といったものであり，実験心理学よりも具体的な生活文脈に則して対象にアプローチし，臨床心理学よりも実証を重んじる領域であるといえよう．

そしてこのいわば「すき間」領域は，実験心理学隆盛時には，手法として実験を取り入れることにより実験心理学の傍流としての立場を得ており，人間のさまざまな側面を測定することにより成果をあげてきた．そして臨床心理学隆盛の現在は，（臨床的）実践研究に力を入れることで臨床心理学の傍流としての立場を得ている．

また，「すき間」領域は，実験だけではなく，質問紙調査や心理テストなどを利用することによって実験に準ずる実証の方法を多用した．これら質問紙調査や心理テストは，多変量解析を中心としたさまざまな統計解析の開発にもつながり，測定して得られた「量」「数値」の扱い方の規準づくりに貢献した．

3.3 人を測ることの意味

◉数は序列化をもたらす

心理学における測定　冒頭で，「装置や器具を用いてものの量をはかる」ことが測定の辞書的定義だとした．装置とは実験をするときの測定に使われるものであるが，このときの装置は，ある一定の条件下では，信頼のおける測定ができる（注4）ものという了解がある．心理学の場合は，反応時間を測定するときなどに時計を用いることもあるが，物理的測定とは異なり直接測定する装置がないことが多い．心理学ではたいてい，「ものの量」ではなく「心理量」

あるいは「人間の心理的属性についての量」ということになるのである．そして，だからこそ，測定の仕方は，たいていの場合『広辞苑』『大辞林』に述べられている「理論を媒介として間接的に行う」ことになる．

注4　つまり，同一物を時間をおいて測っても同一の結果が出る，同一量のものは同一の測定値がもたらされる，測定する場所や人によって結果が変動しないなど．古典的テスト理論でいうところの「信頼性」．

例えば，血液中のコルチゾール濃度をもってストレスの程度を判断する場合もそうだし，さまざまな質問項目に対する回答から「外向的な（心をもつ）人」と判断する場合もそうである．前者はコルチゾール濃度を直接測定しているものの，それがストレスの程度を意味するかどうかは理論的判断に委ねられているので，ストレスの程度を間接的に測定していることになる．後者は，心理学の尺度研究の典型であり，理論を媒介にした間接的な測定であることはいうまでもない．

数字のもたらす意味　さらに，心理学研究の実際を考えれば，「人間の心理的属性」というときの「人間」は実験や調査に参加してくれる人（研究参加者；participants）を意味する．装置や器具（測定道具）を用いて，研究に参加してくれる人たちに数字を割りあてることが，測定の営みだということになる．

この測定道具の中でも，とくに尺度というものに限定するなら，実験というよりもテストということになる．心理学のテストとして知られているのは，知能テスト，適性テスト，性格テストがあげられるが，一般社会では入試をはじめとした学力テストの方が身近であろう．

これらのテストは多くの場合，社会的望ましさに強く関連した属性を含んでおり，その属性上で研究参加者を序列化することになる．例えば，学力テストや知能テストは得点が高い方が社会的に望ましいし，適性テストは適性の程度が全般的に低ければ社会的に望ましくないということになろう．性格テストは社会的望ましさを相対的に排除しているかもしれないが，社会が望んでいる性格，望んでいない性格が現実には存在するといってよいだろう．このように，研究参加者への数字の割りあては，数字そのもののもつ序列性により，明確に人を序列化することにつながるのである（注5）．

注5　名義尺度の場合は必ずしも序列化に結びつかない．しかし，例えば性別の場

合，男性が1で女性が2，という数値の割りあてパターンがほとんどだが，このことが男女の序列を示すことになるので好ましくないというクレームもある．

もちろん，テストに限らず実験においても，時間的速さ，正答数などの数字によって序列化されることがあり，数字の意味に良い悪いはないとはいいきれない．

● **単純化される回答者の声**

質問紙調査における質問の主体　次に，心理学研究で頻繁に利用されている質問紙調査（質問紙型性格テストも含む）について考えてみよう．質問紙調査の場合，（研究者の用意する）質問項目に対する研究参加者の回答によって，研究参加者に数値が割り振られていくわけであるが，そこでは研究参加者の「声」が抑制されていることがある．つまり，質問項目として用意される質問文は，どの研究参加者に対しても同一であるため，研究参加者によって，質問文の意味のとらえ方が違うかもしれないことや，ある構成概念をとらえるのに適した訊き方が研究参加者によって異なるかもしれないことを不問にするのである．

この問題を深めるために，研究参加者（回答者）の立場にできるだけ寄り添って考えてみることにしよう．

質問紙調査における隠れた前提　性格などについて考えたとき，自己評価と他者評価にズレが生じることは日常でも経験することであるが，自己評価と他者評価を独立に実施した結果のズレではなく，自己評価と，自己評価が他者に伝わった場合の他者評価との間にズレが生じることもある．

「心が広いからこそ自らを心が狭いと言える」(Hofstee, 1990)，「自らをおくゆかしいと言う人におくゆかしさは感じられない」(尾見, 1998)などは，その好例といえる．つまり，あなたの「心が狭い」「おくゆかしい」という自己評価を知った他者は，あなたを「心が広い」「おくゆかしい」と理解するか，ということである．

しかしながら，通常，質問紙調査の場合，「心が狭い」と回答した人に対して，この人は心が広い，とは考えない．回答者自身の回答を尊重し，この人は心が狭い人だと理解する．このように考える前提には，回答者は①自身のふだんの行動や心の動きを内省することができ，②その結果に基づき正直に回答するはずだ，ということがおそらくあるはずである．

①に関していえば，そもそも，常時自分を内省している人などいないだろうし，そのときの状態によって内省の仕方にはブレもあるだろう．また，自分のどの行為を重視するかといった重みづけが本人と他者とで異なっていたり，行為の意味づけが異なっていたりすることはむしろあたりまえのことである．これは，一般に自己評価と他者評価のズレを論じる際に出てくる論点でもある．

②の「正直に」回答するはずだ，というのは研究者側のある種の思い上がりのようなものである．もちろん，「正直に」回答しているかどうかをチェックするために虚偽尺度（lie scale）を用意することもあるけれども，前提にある考えは，「正直に」さえ答えれば答えは1つであるというものである．つまり，その前提（回答者観，人間観）とは，正直に回答してくれれば回答者の内省により唯一の答えが得られ，それによって回答者の本当の姿がわかるというものである．

換言するなら，冷静で正直に，虚心坦懐に自分（あるいは他人）をみつめることができれば，自分の眼のフィルターによるバイアスはあるけれども，そのバイアスも時や状況にかかわりなく一定であり，純粋な何か（性格とか意識とか）をとらえることができるという前提で回答者・人間を理解しているということである．

コミュニケーション相手としての回答者と，個性ある機械としての回答者
それに対する指摘（Hofstee, 1990；尾見，1998）は，「自分は〇〇である」と表現することの社会的意味まで射程に入れており，このことによって，質問項目への回答を，自己表現する対象との関係性の中でとらえようとしているといえる．

つまり，通常，質問紙調査では質問文の質問の主体など想定しないが，質問と回答という形式を1つのコミュニケーションとしてとらえる必要性を問うているのである．質問文を用意した人（研究者）を想定した上で回答者が回答することは十分ありうることだし，決して不自然なことではないのである．

その上，質問紙調査は，質問文を用意した人（研究者）が，回答者に対して，回答の仕方について事細かに指示をするけれども，結果のフィードバックは，あったとしても基本的には個別対応でなく，全体的傾向であることがほとんどである．また，仮に個別対応であったとしても，回答者の回答の意味は研究者側が前提としていた論理で説明されることになるし，個々の質問文につい

て丁寧に説明することはまず考えられない．こうした意味で，質問紙調査実施の際のやりとりをコミュニケーションとして考えると，きわめていびつな構造をしていることは否めない．

「質問文の意味は一義であり，それは回答者に同等に伝わるが，各回答者の過去経験などによりその反応は多様となる．回答者は正直に回答し，回答の様式は用意した選択肢のいずれかに収まるはずである．」

このような前提は，「個性ある機械」としての回答者観，ひいては人間観を内包しているといえまいか．

●質問項目の意味：尾見（2002）の事例より

質問紙調査を過度に批判してしまったかもしれない．かくいう私もごく一般的な質問紙調査による研究の成果を過去に公刊したことがある．ここでは，多少懺悔の意味も込めて，自己批判的に質問紙調査の問題点を掘り下げてみたい．

サポート知覚のズレ　尾見（2002）は，中学生とその母親をペアとして，ソーシャルサポート（以下，サポート）に関する項目を9つ用意し，母親からサポートを受けているかについて中学生に尋ねると同時に，中学生の子どもにサポートを与えているかについて母親に尋ね（該当/非該当の二者択一方式），中学生とその母親との間でサポートの知覚にどのくらいズレが生じているかを調べた．

その結果，全般的に，母親（サポートする側）が一方的にサポートを知覚していること（受け手の無自覚）が多かった（図3.2）．現実場面を考えても，サポートする側が一方的にサポートしていると思い込む事態（受け手の無自覚）は比較的想像しやすい．例えば，相手のためを思って何かしたところで，まったく気づかれなかったり（意図的に気づかれないようにする場合もあるが），逆にありがた迷惑になってしまったり，ということはよく思いあたることであろう．

尾見（2002）の方法では，「ありがた迷惑」については論じることができないが，「気づかれないサポート」については論じることが可能であるので，もう少し細かくみてみよう．

「気づかれないサポート」をめぐって　「失敗のカバー」と「一人でできないときに手伝う」については，サポートする側がサポートを受ける側に気づか

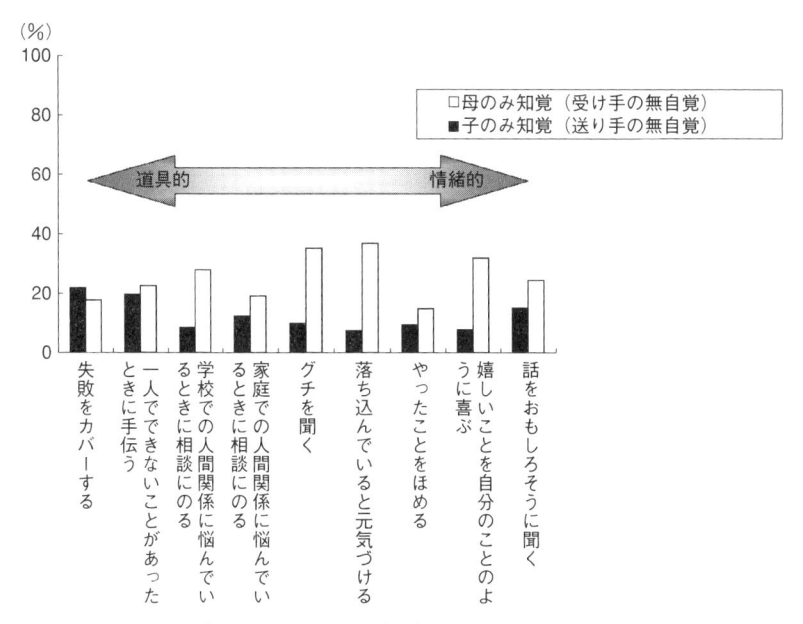

図 3.2　一方のみがサポートを知覚する率（行為の送り手は母親）

グラフ項目（左から右）：失敗をカバーする／一人でできないときに手伝う／学校での人間関係に悩んでいるときに相談にのる／家庭での人間関係に悩んでいるときに相談にのる／グチを聞く／落ち込んでいると元気づける／やったことをほめる／嬉しいことを自分のことのように喜ぶ／話をおもしろそうに聞く

凡例：□母のみ知覚（受け手の無自覚）　■子のみ知覚（送り手の無自覚）

矢印：道具的←→情緒的

れないようにサポートすることが可能である．それ以外の場面は，基本的に両者が場面を共有する必要がある．ということは，前者の方が「受け手の無自覚」が多くなりやすいと仮定することができる．

しかしながら，結果は逆であった．場面の共有を必ずしも必要としない項目で，受け手の無自覚の割合が小さく，「失敗のカバー」については，送り手の無自覚の割合を下回っていた．

「失敗のカバー」「一人でできないときに手伝う」は，ともに問題解決型のサポート（道具的サポート）である．それ以外の項目は，問題のない事態でのサポートであるか，あるいは問題のある事態であっても，必ずしも問題の解決に直結しないサポート（情緒的サポート）である．

中学生の母親の立場からこれらを解釈してみると，わが子の問題の解決については相対的に無自覚になりやすいが，情緒的な面でのいたわりや肯定的評価については過度に「してあげている」と思いがちであるということになる．

このように，サポート授受の知覚に関する送り手と受け手の不一致のパターンは理論的な予測と異なっていた．すなわち，場面の共有を必要とする情緒的なサポートに関しては，比較的，受け手（子ども）が知覚できないことが多

く，場面の共有を必ずしも必要としない道具的サポートに関しては，送り手（母親）が知覚できないことが多い．母親は情緒面でサポートしてあげていると思っているが子どもには伝わりにくく，問題解決につながるサポートについては，逆に母親が無自覚になりやすいということである．この理由として例えば，次のような解釈が成り立つかもしれない．母親は一般に（デフォルトでは），サポートを過剰に意識しやすいため，子ども（受け手）の方が無自覚になりやすい．しかし，道具的サポートについては，その子が生まれた頃から子育ての中であたりまえのようにし続けてきているために無自覚になりやすい傾向があるのかもしれない．そうだとすると，この傾向は，親子あるいは母子に特有のものであり，他の対人関係では同様の結果が得られないかもしれない．

意味の共有と場面の共有　　ここまでは，実証研究の一般的な記述をしてき

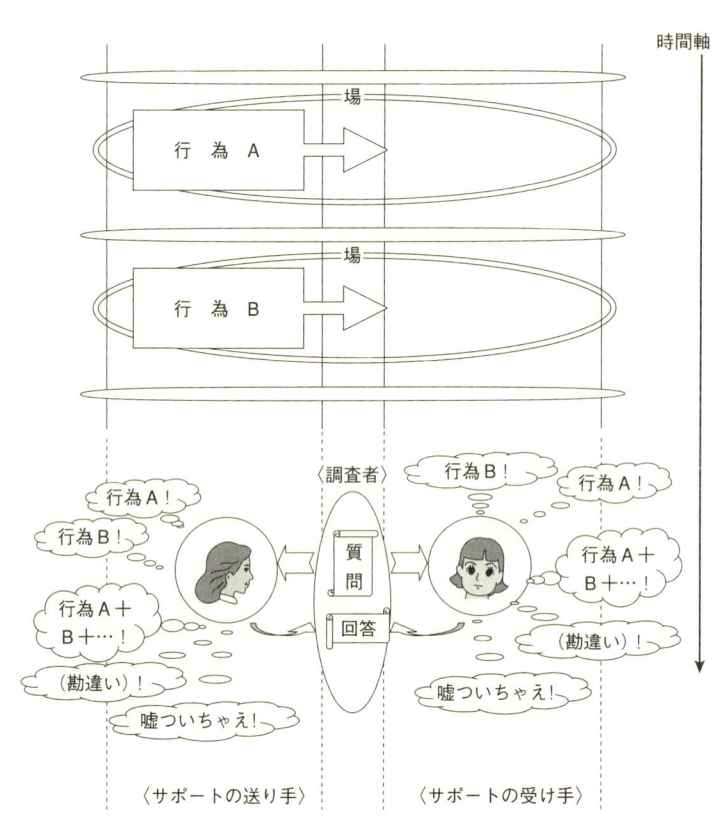

図3.3　質問文に対して「サポートがあった」と思いつく場合のパターン

たつもりである．

　さて，先に「場面の共有」という言い方をした．これに違和感を覚えた方はなかなかするどい．質問項目の回答者の立場に立つと，自分にあてはまるかどうかを考え，「あてはまる」と回答するときの模式図は図 3.3 のようになる（注 6）．

> **注 6**　「あてはまらない」（サポートがなかった）と回答する場合も，単にサポートがなかった場合以外に，あったけれども回答時点で思い出せなかった場合，ウソをついて「あてはまらない」とする場合などがありえる．

　図 3.3 から何がいえるかというと，まず，送り手と受け手の間で，文字通りの質問「文」のレベルで意味が共有されていたとしても，場面が共有されているとは限らないということである．これは質問文が時を捨象しているために生じる．つまり，「〇年〇月〇日〇時〇分に」などという文言が質問文に入ることはきわめてまれであり，そのため，想定する具体的場面が人によって異なる可能性があるということである．それに加えて，人は誤って覚えていることがあるということも重要である．もちろん，質問紙研究でよく指摘される虚偽回答もあるだろう．

　では，時が特定され，両者の間で場面が共有されたとするとどうなるだろうか．例えば，母親が「学校での人間関係に悩んでいるときに相談にのった」のが，一昨年の夏休み最後の日の子どもが夕食を口にしようとしなかったとき，としてみよう．

　その日，母親は夕食を口にしないわが子をみて，「どうしたの？」と尋ね，次のように会話が進んだとする．

娘：うん，ちょっとミサキとトラブっちゃって．

母：どうしてまた．

娘：ミサキったら私がケンタのこと好きだってこと，ケンタに勝手に伝えちゃったんだもん．

母：ふうん．でも，カナがウジウジしているから，見てられなかったんじゃないの？

娘：うーん，そうかもしれないけど，勝手に言っちゃうんだもん．もう，絶交，って言っちゃった．

母：それは言いすぎだなあ．カナの方からとりあえず謝った方がいい

> んじゃない？
> 娘：なんでよ．私から謝るなんてありえない．
> 母：まったく，ご飯がのどを通らないほど気にしているくせに．とにかく，ご飯食べないとからだに悪いよ．食べなさい．
> 娘：う，うん．

両者がこの場面に特定して，つまり，時をできるだけ捨象しなかったとしても，「学校での人間関係に悩んでいるときに相談にのる（のってくれる）」という質問文に回答する場合に，母親も子どもも，該当/非該当のいずれに回答する可能性もある（注7）．

注7 母親は該当すると答える可能性が高いであろうが．

質問文の多義性　具体的にいうと，「相談にのる」というのが，「どうしたの？」と尋ねることで成立するという考えもあるだろうし，受け手（子ども）がある程度悩みの中身を話すことで成立するという考えもあるだろうし，それが「ある程度」であっては「相談にのる」とはいえないという考えもあるだろう．あるいは，「相談にのる」というのは，受け手が切り出したときに成立するものであって，送り手が勝手に聞き出そうとしたものは該当しないという考えもあるかもしれない．

さらには，同一場面を想起する時点によってサポートととらえたりとらえなかったりする場合もありうる．

このように考え出すとくがないともいえるが，これら質問文の多義性の問題は，必ずしも尾見（2002）に限定したものではないはずである．回答者は，それぞれ独自に想定した具体的あるいは抽象的場面やイメージに基づき回答するが，回答者の周囲の人（例えば親）と想定する場面が異なることは大いに考えられる．

自他の認識のズレについては，性格の自己認知と他者認知の違いという観点で論じられることが多かったが，深く突っ込んだ議論はあまりなされてこなかったように思われる．性格の場合は，一般に個人の内面にかかわるものととらえられ，かつ非常に抽象的なものととらえられることが多いため，具体的な場面を想定しながら論じることはなかったのかもしれない．しかし，図3.3を参考にすれば，性格の自己認知と他者認知のズレについても具体的場面のレベル

で説明できると考えられる．

◉応用や実践の際の難点

研究と実践のあいだ　　場面の共有というためには，少なくとも時を共有できるような質問文が必要であるが，質問紙調査のほとんどすべては，その条件を満たしていない．

理論的展開・発展を求める研究であれば，この問題点はさほど大きくないかもしれないし，測定誤差として扱うこともできるかもしれない．あるいは「ズレはあるよね，やっぱり」「ズレはこの場合はこの程度，あの場合はあの程度か」といっていればすむ話である．ところが，現実場面に応用したり実践に活用したりしようとすると，それほどお気楽な話ではなくなる．

例えば，ソーシャルサポート研究というのは，精神的健康との絡みで議論されることが多く，また，通常，回答者はサポートの受け手に限定されている．そして，総論として，ソーシャルサポートは精神的健康にプラスの方向で寄与しているとされている．

そのことを踏まえ，実際に精神的健康の面で問題があり，周囲からのサポートが乏しい個人がいた場合を考えてみよう．実証研究の知見を応用しようとする心理学者なら，その個人の周りの人に働きかけて，その個人をサポートするよう促すことになるだろう．

しかし，その「サポート」は，周りの人，つまり送り手にとってのものであって，受け手が「サポート」ととらえるとは限らない．また，「サポート」と受け手がとらえたからといって必ずしも好意的に受け取られるとは限らないし，逆にマイナスの場合だってありうる（注8）．相談にのってもらったがむしろ事態が悪化したとか，ほめてくれたけどまったく心がこもっていないとか，そういう例が考えられる．

注8　送り手の意図だけでなく，受け手にとって好意的にとられることまで含めて「サポート」概念をとらえる場合はまた別の議論になる．

質問紙調査の限界と可能性　　かくのごとく，質問項目の意味を掘り下げて考えると問題点は噴出し，とりわけ，現実場面への応用を考えたり実践に活かしたりしようとする場合には，相当なリスクも伴う．しかし，応用・実践志向の質問紙調査がトラブルを起こしているという話はあまり聞かない．では，なぜ応用や実践があまり問題がないようにみえるのだろうか．

それはおそらく，通常，現実場面で応用する場合や実践に活かす場合は，一方的に質問紙調査の知見に基づくやり方をあてはめるのではなく，現実の動きや当事者の人柄や様子，あるいは反応やクレームのようなものをみたり聞いたりしながら，知見の微修正を繰り返していくからではないだろうか．そして，フィールドでの研究，とりわけ参加型のフィールドワークは，この微修正のプロセスをフィールドで自覚的に行っているアプローチともいえるだろう．

応用や実践の際に問題があるから質問紙調査は危険だといいたいわけではない．1つは，質問紙調査の実証的知見や理論的概念に弄ばれないようにすべきではないかということ，そしてもう1つは，実証的知見は一般論だから必ずしも個々の事例にあてはまるとは限らない，とだけ言い訳するのではなく，あてはまらない可能性としてどういう場合がありうるのか，などについて，質問紙調査による研究にも踏み込む余地があるのではないかということ，この2つがここで伝えたかったことである．

3.4 妥当性概念の評価

◉本当の自分は1つか？

とてもさまつな問題に入り込んだように思われるかもしれない．しかし，3.3節では心理学で頻繁に実施されている質問紙調査の質問文が，実際に何をとらえているのかをできるだけマイクロなレベルで検討したのであり，これは結局，測定の妥当性の問題に通ずるものといえる．そして，この妥当性問題は，測定を考える際に最重要ともいってよいテーマに結びつくものである．

妥当性とは　妥当性について簡単におさらいしておこう．測定の妥当性とは，テストが測りたいものを測っているかどうかを示す概念（池田，1973）である．信頼性と並んで測定のカギとなる重要な概念であるが，妥当性は，心理テストの最も本質的な問題にかかわっており（池田，1973），また，測定の質を表す概念として最も重要である（南風原，2002）といわれ，信頼性よりもいっそう重要である．

よく知られているように，古典的テスト理論において，妥当性は，内容妥当性，基準連関妥当性，構成概念妥当性の大きく3つにまとめられる（注9）．内容妥当性はテストの実施前に検討する種類のものである（注10）が，基準連関

妥当性と構成概念妥当性については，実施後に，得られたテスト得点をベースに統計量を算出して検討するものである．その統計量，あるいは算出方法はさまざまであるが，基本的には相関（係数）が指標となるといってよいだろう．

注9 もはや妥当性を3つに分けて議論すべきではないという考え方が主流のようだが，議論の展開上，「古い」考え方で進めさせていただく．

注10 事後に検討するという立場や考え方もある．

基準連関妥当性は，基準となる指標と強く関連するかどうか，構成概念妥当性は，理論的に予測される概念間の関連性，あるいは理論的に予測される具体的な現実・現象との関連性を示すかどうか，によって確認されると考えるならば，両者にはあまり大きな違いはない．なぜなら，「基準となる指標」というときの「基準」が，なぜ基準といえるかの説明は理論的説明とならざるをえないからである．

妥当性をとりまく現実　実用性を重視する立場からすると，具体的な現実・現象との関連の強さこそが重要だということになる．例えば，ある入社テストで入社した新入社員のその後（注11）の働きぶりがよければそれでよいということもありうる．もちろん，背景に理論的な裏づけがないと，翌年は同じテストで働きぶりの悪い社員ばかり入社させてしまうということもあるだろう．しかしながら，一度うまくいったテストを継続することで，理論の助けを借りなくても，あるいは理論をとくに意識化しなくても，働きぶりのよい社員を毎年確保することができるかもしれない．

注11 といっても，「いつまでか」によって多様な期間が想定できるが．

逆に，理論を重視する立場からすると，先行する学問的知見（理論）との整合性こそが重要だということになる．そして，多特性・多方法行列の理論（表3.2）（Campbell & Fiske, 1959）によれば，同じ構成概念を別の方法で測定した場合は，高い相関係数を必要とし（収束的妥当性）（注12），別の構成概念を同じ方法で測定した場合は，低い相関係数が求められる（弁別的妥当性）（注13）．

注12 例えば，新しい知能テストの妥当性を既存の知能テストとの相関係数で判断しようという，併存的妥当性（基準連関妥当性の1つ）も，外的基準を強く意識するか否かの違いがある程度であり，事実上ほぼ同じことを意味する．

注13 収束的妥当性は，同一のあるいは類似した構成概念の測定値と高い相関が

表 3.2　多特性・多方法行列（Campbell & Fiske, 1959）

		方法 1			方法 2			方法 3		
	特性	A1	B1	C1	A2	B2	C2	A3	B3	C3
方法 1	A1	(.89)								
	B1	.51	(.89)							
	C1	.38	.37	(.76)						
方法 2	A2	.57	.22	.09	(.93)					
	B2	.22	.57	.10	.68	(.94)				
	C2	.11	.11	.46	.59	.58	(.84)			
方法 3	A3	.56	.22	.11	.67	.42	.33	(.94)		
	B3	.23	.58	.12	.43	.66	.34	.67	(.92)	
	C3	.11	.11	.45	.34	.32	.58	.58	.60	(.85)

カッコ内の数字は信頼性，実線三角形内の数字は異特性・同一方法，破線三角形内の数字は異特性・異方法．

表 3.3　妥当な測定のために期待される相関係数

	期待される相関係数
信頼性	非常に高
同一特性・異方法	高
類似特性・同一方法	やや高
類似特性・異方法	やや低
異特性・同一方法	低
異特性・異方法	非常に低

あるかどうか，弁別的妥当性は，別の構成概念の測定値と低い相関となっているかどうか，という観点から検討される妥当性の側面という見解（南風原，2001）もある．

たしかに理論的にはそうなのかもしれないが，例えば，高い相関，低い相関，というのがおおよそどの程度の数値を意味するのかに合意があるとはいえまい（注14）．また，そもそも弁別的妥当性を検討する研究例はきわめて少ない．

注14　因子分析の因子負荷量の数値がどのくらいになればその因子を構成する項目といえるか，についても同様のことがいえるし，信頼性係数の数値も同様だが，それでも，研究分野ごとに大まかな合意があるといってよいだろう．

そのうえ，妥当性は程度の問題ともいわれているし（Messick, 1992），類似した構成概念同士の相関は一定程度高い必要があるともいわれる．収束的妥当性と弁別的妥当性の考え方を合わせて考えると，相関係数の高い低いという問

題はずいぶんややこしいことになる（表 3.3）．

国内外でそれこそ何千，何万もの尺度が開発されているが，実際の尺度研究で検討されているのは，ほとんどの場合，信頼性，そして類似特性・同一方法が加わる程度ではないだろうか．異方法による妥当性チェックというのは本当に限られているだろう．

実際に，表 3.3 の 6 つの相関係数を算出するにはコストがかかりすぎるという問題もあるが，おそらく，表 3.2 のような理想型が結果として得られる望みもあまりないのではないだろうか．表 3.2 で例示された相関係数を一覧しても，大まかなところで仮定どおりというところである．実際の多くの研究では，大まかなところででも仮定どおりにならず，よくわからなくなるだろうし，表 3.3 の基準を用意したときには，ますますそうであろう．

多特性・多方法の理論の前提　さて，異方法を考える上で，同一特性・異方法を例にして考えてみよう．同じ性格特性に対する自己評価と他者評価は，これに該当すると考えられる．

例えば，「社交性」という性格特性における自己評価と他者評価にズレが生じたとき，多特性・多方法の理論の前提ではおそらく次のように考えることになるだろう．

本来は当該人物の社交性は「一意に決まる」のだが，自分も他者もある種のバイアス（ズレの原因）をもってみてしまう．そして，そのバイアスのありよう（大きさや方向）は個人個人で異なる．だから，ズレが生じるのだ．

でも，ある人のある特性には真の値という唯一の値がある（一意に決まる）という前提に疑いをもってもよいと考えることはできないだろうか（注 15）．もし，この前提を疑うなら，同一特性・異方法が前提とした「同一」の特性がないかもしれない，ということになる．自分がみている自分と他者がみている自分の，その先にある同一の特性の存在自体を疑うということである．それはつまり，同一特性・異方法という概念自体の意義が不明瞭となることにつながり，ひいては多特性・多方法の理論の基盤は崩れてくる（注 16）．そして，心理的属性・特性が時や状況を通じて基本的に変動しないという前提がないと，

(少なくとも古典的テスト理論の) 信頼性も妥当性も成立しないのである．

注15 おもしろいことに，このように考えないと，明らかに変動しやすいと考えられるような心理的属性 (例えば「気分」) の測定が理屈の上からは困難になる．

注16 妥当性を確認する際に無相関検定をしている例をみかけるが，いかにそれが無意味であるかがわかる．無相関検定の無意味さはこのようなことをいうまでもなく無意味であるともいえるが．

このように考えると，多特性・多方法行列の理論は，先に述べた「個性ある機械」の人間観に通じているということがわかる．

「和集合」としての理解　では，同一にみえる特性を多様な方法でアプローチするのは意味のないことなのだろうか．

おそらくそういうことではないだろう．「本当の自分が1つあるはずだ」という人間観に縛られてしまうから，真の値とか唯一の値を求めてしまうのではないだろうか．これは，性格研究でいえば，特性論的理解と共有するスタンスであろうし，多様な方法でアプローチした結果を「積集合」として理解することにも通ずる．そのような理解ではなく，関係論的理解と共有するスタンス，多様な方法でアプローチした結果を「和集合」として理解すること，こうした発想が多様な方法を用いることのもう1つの意義として考えられてよいのではないだろうか．すなわち，人には一定程度の多面性，多様性があり，誰と接しているときか，あるいは，何歳頃かによっていくつもの本当の自分がいる，という発想に基づいた測定 (論) もありうるのではないかということである．

◉ことばが指し示しているものは何か？

事後的な相関分析によって検証できる基準連関妥当性や構成概念妥当性は，その簡便さによって，妥当性検証に頻繁に用いられてきた．そのことは結局，ものさしの客観性，ものさしの精緻化に力を注いできたということを意味する．ボースブームらは，基準連関妥当性を批判的に検討する中で，相関による妥当性概念を無力なものとし，相関ではなく因果によって妥当性を確認することを推奨し，その際，因果の矢印 (方向) は属性から測定へと向けられなければならないとした (Borsboom, Mellenbergh, & van Heerden, 2004)．これは，近年の妥当性の論議が技術的な側面に傾倒するあまり，何を測っているかという妥当性の本質的な問題を置き去りにしているのではないかという根本的な批判である．

知能とか学力のような，序列，あるいは優劣を明確にするような構成概念である場合には，テスト項目に用いていることばの指し示す対象（referent）が，回答者（解答者）間で一定程度共通化されていると考えることは，それほど無理がないかもしれない．テスト場面以外の場面で，得点を高めようと訓練したり勉強したりするその内容が共通化されているからである．

しかしながら，3.3 節でみたように，対人行動や社会行動を扱う項目，そして多くの心理尺度項目の場合はそうはいかない．もちろん，共通のことばを使うことで一定範囲の意味の共有はあるはずであるが，そこで共有されたものは，回答者（研究参加者）によってずいぶん違ってくるし，測定の結果から得られた相関係数のあまり大きくない値をもとにして，積極的な意味づけをすることには慎重であるべきであろう．

ボースブームらの批判（Borsboom, Mellenbergh, & van Heerden, 2004）を待つまでもなく，そもそも，測定結果どうしの相関係数を調べても，測りたいものを測っているか，という問いには答えられないはずである．「測定道具（装置）自体が，測定したいもの・属性・対象を表象しているか」を知りたいはずであり，そのためには，尺度項目内容に関する慎重かつ十分な吟味が必要である．その意味では事前チェックとしての内容妥当性こそ重要だということになる．しかしながら，信頼性係数である α 係数を算出したり，類似概念との相関係数の算出によって妥当性を検証したりすることによって，尺度が産出され続けているのが現実である．

繰り返しになるが，とりわけ，ことばを介して実施する調査やテストの場合，ものさし（質問項目）の表面的な字面は共有できてもそれが指し示す対象を共有できないことが多い．ことばの共有だけでなく場の共有（文字でのやりとりや会話でのやりとりだけでなく，時間と空間を共有したやりとり）がないと，ものさしの内包するものが個人個人でずいぶんと異なってしまう．そしてそのことは，心理学の知見を社会に還元しようとするときに，とりわけ大きな問題点として露呈するのである．

3.5 質的心理学の可能性

冒頭の辞書的定義からもいえるが，はかることは数字の利用と密接不可分で

ある．近年，この数字の利用，そしてそれに基づく論理の展開に異議を申し立て，新たなアプローチを構築する動きがある．

質的心理学である．数字の利用を拒否することは，つまりは測定を拒否するということであり，近代心理学の大きな流れの中では画期的なことかもしれない．心理学において質的アプローチの必要性が叫ばれる背景には，おそらくは世界的な臨床心理学の大流行もあるのだろうが，臨床心理学が「測定する心理学」から完全に独立するのを防ぐために，質的アプローチが必死に両者をつないでいるという側面もあるように思われる．

ともあれ，人間現象をすべて数字にし，そして要素に分解することで見失ってしまったものがある，等々の主張は，統計学やデータ解析に苦しんだり，あるいはどことなく不信感を抱いたりした心理学者（とくに若年層）にはとても心地よい響きであるにちがいない．これまでの心理学において，質的アプローチの評価が過度に低かった，いや，というよりも，量的アプローチの評価が過度に高かったことに対するアンチテーゼの活動として，基本的には質的心理学の台頭を評価すべきかとは思う．

ただし，その一方で，「人間現象には数字では表せないものがある」といったことを理由に質的アプローチを主張することに対しては疑義を唱えたい．どのような対象，情報，文脈，状況，関係であろうと，いったんカテゴリに落とし込むことさえできれば，いや，少々無理にみえてもカテゴリに落とし込んでしまえば，数字で表すことは簡単だからだ（尾見，2006）．

また，特定の学派の立場から，質的心理学はかくあるべき，これ以外は認めない，といった純血主義的な主張にもにわかに賛同できない．もちろん，自身の理論的立場の優位性は主張するのが一般的であろうし，それ自体を否定はしない．懸念するのは，自身の理論的立場に固執するあまり，他の質的アプローチ（といわれているもの）を強く否定することである．質的心理学に期待されていることは，量的研究に対して狭量な価値観をオルタナティブとして打ち出すことではなく，心理学の方法に多様な選択肢を用意することではないだろうか．そうでないと，「質的アプローチ」でも「量的アプローチ」でもないアプローチが取り残されることになり，そして，質的心理学という狭い一分野が確立して終わるということになるだろう．

あるいは次のように考えてはどうか．「質的心理学とは何か」という議論を

熱心にすることよりも，これまでの「測定する心理学」ではアプローチしづらかったものにアプローチするための多様な方法を作りだし認めていくことが必要ではないだろうか，と. ［尾見康博］

■文　献

Borsboom, D., Mellenbergh, G. J., & van Heerden, J.（2004）. The concept of validity. *Psychological Review*, **111**, 1061-1071.
Campbell, D. T., & Fiske, D. W.（1959）. Convergent and discriminant validation by the multitrait-multimethod matrix. *Psychological Bulletin*, **56**, 81-105.
南風原朝和（2001）. 量的調査——尺度の作成と相関分析　南風原朝和・市川伸一・下山晴彦（編）心理学研究法入門——調査・実験から実践まで　東京大学出版会　pp. 63-91.
南風原朝和（2002）. 心理統計学の基礎——統合的理解のために　有斐閣アルマ
Hofstee, W. K. B.（1990）. The use of everyday personality language for scientific purposes. *European Journal of Personality*, **4**, 77-88.
池田　央（1973）. 心理学研究法 8　テスト II　東京大学出版会
Messick, S.（1989）. Validity. In R. L. Linn（Ed.）, *Educational measurement*. 3rd ed. New York : McMillan.（池田　央・藤田恵璽・柳井晴夫・繁桝算男（監訳）（1992）. 教育測定学　上　C. S. L. 学習評価研究所　pp. 19-145.）
尾見康博（1998）.「尺度」研究の問題点　現代のエスプリ, **372**, 221-227.
尾見康博（2002）. ソーシャル・サポートの提供者と受領者の間の知覚の一致に関する研究——受領者が中学生で提供者が母親の場合　教育心理学研究, **50**, 73-80.
尾見康博（2006）.「フィールドワーク」から「質的研究」への流れのなかで　吉田寿夫（編）心理学研究法の新しいかたち　誠信書房　pp. 195-217.
佐藤達哉・尾見康博・渡邊芳之（1994）. 現代日本における 2 つの心理学——ポップな心理学とアカデミックな心理学——そのズレから心理学を考える　行政社会論集（福島大学）, **7**(1), 1-45.

第 2 部●研究実践と方法論

4. 教育実践研究のための方法

4.1 はじめに：研究の対象領域とその志向性

　本章は，もともと教育学部教員養成課程で心理学専攻としての教育を受けた著者が，その後，心理学・教育工学・人間工学・官能評価分析へと研究領域が拡大していった中で，教育現場へどのように研究者としてかかわったかを示すものである．

　今も昔も，研究者として一人前になる前にいろいろな分野に手を広げてしまうことはよくないことでまねをすべきでない．しかし，進学した修士課程で教育工学に出会い，学校にコンピュータを持ち込んで何が起きるかを研究することになり（井上，2004a），また，博士課程の指導教官により応用心理学としての人間工学（井上，1994）や官能評価分析（井上，2004b）へ手を染めてしまうことになってしまった．

　そして，修士課程進学後のいわゆる研究生活を，「実学」（『広辞苑』の定義によれば「実際に役立つ学問．応用を旨とする科学」）の世界でほとんど過ごしてしまったために，現場で起きている問題をどのように解きほぐしていくかということが研究対象の大部分となってしまい，心理学的ということを自分の中でもう一度位置づけ直す必要が生じてしまった．なぜなら，それぞれの分野では，研究の流儀が違っていて，発表論文の価値判断の観点も違ってしまうからである．

　ところで，この実学の代表格として，「工学」があげられる．工学はサイエンスとしての科学の一領域ではあるが，「工学といったときには，科学と違っ

て，実生活に役立つ何かを必ず志向している．…とにかく，私たちの生活を豊かにするための学問で，その基盤は物理学，天文学，地学，化学，数学などの自然科学においている．応用重視の学問なので，いかに興味をひくものでも，私たちの実生活に無縁であれば工学ではない」（中村，2004）という．

一方で，教育現場と心理学とをつなぐ教育心理学の立場からは「教育心理学とは，一言で言えば，『教育』という事象を理論的・実証的に明らかにし，教育の改善に資するための学問ということができる．これが，教育心理学の理念と目的についての最大公約数的な理解」（市川，2003）であるという．また，近年では「学術的志向からだけではなく，教育現場の問題に直接関わることによって実践的な学問にしていくことを求めるようになった．そのため，方法論的にも，フィールドワーク，アクションリサーチ，質的研究法といった多様なアプローチが盛んになってきた」（市川，2003）と分析されている．

上述の，教育工学や人間工学，また（元来ものづくりで品質管理の一分野として発展してきた，人間の感覚を用いて研究する）官能評価分析の世界では，問題解決と実証（論文化）とは対になっており，研究活動自体が問題解決を前提とすることがほとんどである．研究として論文になった後でも，追実験を繰り返して，その成果が再現するものかどうかが問題となる（というより，論文化の段階で，確認実験を求められることもある）．

ここで紹介するのは，こうした実学の影響を受けてしまった人間が，教育現場で役立つ研究を目指した事例である．

4.2 心理学的プロセスとして教員養成教育を考える

◉教員養成課程の特殊性

教員養成課程では教師を作ることを目的としている．しかし，教師としての経験がない学生を教師にするという困難な課題を抱えてきた．同じ専門家教育というシステムから考えれば，医師養成のために卒後も数年の臨床経験を要求するのに対し，新採用段階から学級担任も任せる一教師としての扱いをするということは異例かもしれない．新採用研修など各自治体でさまざまな研修制度を用意していたり，授業研究の場や，一人立ちを支えるようなチューター制度のようなものがあったりと，その経験の差を埋めるような仕組みがあるもの

の，教室で子どもたちの前で授業するのは結局一人での作業となる．

もちろん，学部の養成過程ではこうした教師となるための教育をさまざまな観点から行っている．それも時代の要請や子どもたちの変化に対応して，生徒指導・生徒理解などについても実践的な演習を受ける必要があるし，教育実習の質も量も改善を繰り返している．

ところが，教員養成課程を終え，教育現場に研究のために通うようになって，目の前で起きた授業を振り返る授業研究の場で「よくわからない」と感じることが増えてきた．当時，それは教育現場に慣れていないために，授業者としての経験がないためだと思っていたのだが，そうではないらしいと気がついたのは別の分野からの知見だった．

●官能評価分析の現場からの知見

図 4.1 は，井上（1994）が官能評価分析の測定の定式化に用いているものである．つまり，官能評価分析ではデータ測定で2つのタイプ「分析形」と「嗜好形」とを明確に使い分ける（日本工業規格 JIS でも定めているし，国際標準規格 ISO でもこの規定がある）．これは，一定以上のトレーニングを経た専門家（専門家集団）による分析的な測定と，能力をもたない人間による嗜好に関する測定の区別である（注1）．

> **注1** 官能評価分析の現場での専門家はセンサー並の精度をもっている．専門家の代表格である調香師は，数千種以上のにおいを記憶しており，しかもそのにおいの中には濃度が異なると悪臭になったりするものもある．つまり，彼らの用いる評価用語とは，化学物質の物質名と濃度とに対応しているものであり，記憶したそれらを複合することで新しいかおりを生み出すのである．なお，分析形・嗜好形は JIS

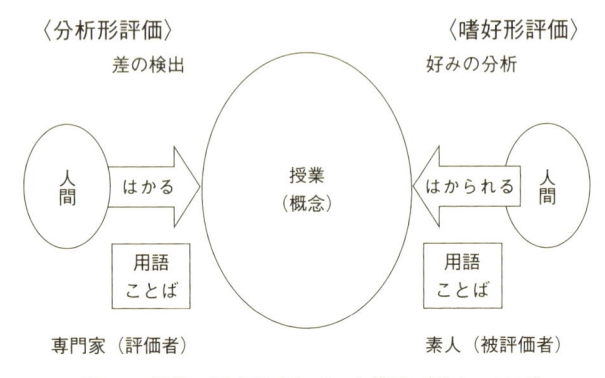

図 4.1 授業の測定形式とデータ構造（井上，1994）

ではそれぞれ「ぶんせきがた」「しこうがた」と呼び，JIS 用語としてはひらがなの「におい」を用いる．

この2つのタイプの混同は研究で根本的に異なる結果を生む．すなわち，専門家では精度の高い測定を行うため専門家の道具たる専門用語を使えばよいのだが，専門家でない素人には専門用語を用いた測定ができないという区別なのである．この観点からすれば現場の授業者（授業の専門家）に対する調査と，教員養成系大学の学生を対象とした調査とでは，同一の授業概念を伝達するために同一の用語が使用できる保証がないことになる．また，授業分析の専門家である研究者を対象とする場合と現場の授業者を対象とする場合とでも，授業記述のために同一の用語を使用できる保証がないのである．

また，測定するためには「授業（あるいは，測定しようとする概念やイメージなど）」「人間」「評価用語」という3つのデータ構成要素が存在する．分析形評価が専門家である「人間」によって共有している「評価用語」を用いて「授業（概念）」を測定するのに対し，嗜好形評価は研究者側で用意した「評価用語」と「授業（概念）」とを用いて専門家でない「人間」を測るのである．つまり，測定するためには，データ構成要素3つのうち2つを固定してものさしとし，残りの1つを測定することになる．この測定形式からは，既存の授業分析での枠組み（および授業後にあれこれと授業を語る場での「ことば」）は上記の2タイプのいずれにも該当していない．また，記述を行うための前提（つまり用語が使用可能な測定領域や適用概念やその精度など）は評価者にとって共有可能な整備がなされておらず，「評価用語」全体が研究者の枠組みで用意されていることも多い．

◉**心理学的プロセスとしての授業記述用語の扱い**

　表現する用語と表現される内容　　前述の「授業研究の場でよくわからないと感じる」ことの多くは，こうした「用語」の使い方が了解可能でなかった可能性がある．つまり，ある人は目の前に起きた授業を xx と表現し，違う人は同じ現象を yy と表現するかもしれない．しかし，そこで使われる用語は，教育現場で教師集団に共有されるべきと考えられているものであり，理解を前提とした用法になっている．

　例えば，教育現場には，教育現場特有の表現が多く存在している．「きづく・きづき」や「みとる・みとり」などの表現は，目の前の授業を語ったり，

教育論や授業論を語るために使われることが多い．ところが，こうした表現は教育現象自体を表現しているもので，一般的な定義が非常に困難である．つまり，特定の現象とともに使われる用語であり，その現象を共有できないと本当に使えるということにはならない．こうした現象を示す用語も養成課程では教えることになるが，言語表現だけを先に学んでしまうことで一人一人が異なった理解（自分なりの理解）を示すことが多いのである．

　一方で，授業を対象とした研究では，図4.1のような測定目的に応じた用語の使い分けとか，用語の開発という視点があまりみられない．フィールドワークやアクションリサーチや質的研究法というように，研究方法自体は多様になってきているかもしれないが，そこで用意している枠組みは図4.1の2つを混同している可能性がある．というよりも，専門家教育を目的とするなら，こうした「用語」を身につけることがすなわち教育現象とその現象とを「わかる」ための視点を身につけることになる．むしろ，新しい用語が授業分析の専門家によって開発され用意されてきた場合には，その用語を授業者が新たに身につけること（用語についての学習）が要請されてしまうのである．

　例えば，看護学の看護診断の分野でも同じことが起きていた．この看護診断はよりよい看護を目指す，現場の看護の標準化の取り組みである．そして，その用語・用法の日本語化のためにアメリカでの標準化用語体系に応じた日本語訳の専門用語を用意することになった．ところが，アメリカの用語体系が変化すれば日本での用語体系を変える必要があるという状態になってしまったことがある．また，前掲の市川（2003）でも「心理学で一般的に使われる研究方法と専門用語に慣れることが，そのよしあしは別として，教育心理学の世界になじむための用件になっている．…学会の討議や論文とのギャップに初学者は苦しむかもしれない」と，専門家教育と専門用語との関係を指摘しているのである．

　何が起きているのか？　　問題は，この状態をどのように示すかであった．つまり，本来の教育現場で行う授業研究を考えるのなら，そこで授業者に語ってもらう用語は授業現場全体で共有すべきものでありたい．しかし，授業者も授業研究参加者も（そして研究者も）同じ授業の一現象に異なるラベルづけをしていたり，また既存の専門用語をあてはめるという特定の価値のもとでのラベリングになっているという可能性があったのである．

すなわち，ここでの研究仮説としては，「授業者が自分の授業を語るためのことばはどのように使われているか（実態を知る）」「そのことばは授業者以外に共有されているか（専門用語として使えるかどうか）」となる．また，この研究仮説は授業者（専門家）がどのように授業記述用語（専門用語）を用いているかという心理学的なプロセスを扱うための前提となるものであった．

4.3 カード構造化法の開発と現場での適用

◉授業者と観察者との関係，授業を記述するためのことば

授業後の検討会で感じた「わからなさ」は，授業研究の場に参加し続けるうちに明確な違和感となってきた．例えば，授業者が授業を語る場合に，的確に授業を表現するためには授業を「対象化する」ことが必要だと，指導・助言する側が要求したりすることがある．しかし，その対象化の状況が公平でないように思えたのである．

図4.2は，授業研究の現場で，授業を授業者と観察者（研究者や指導者）が「語る」違いをモデル化したものである（井上・藤岡，1993）．(a)では，授業

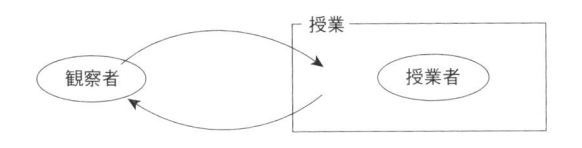

(a) 授業者の授業を観察者が語る

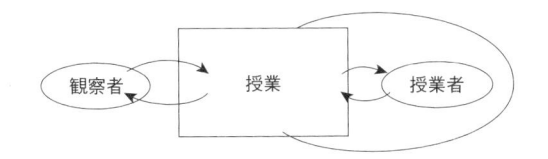

(b) 授業者が授業を行い，観察者が授業を語る

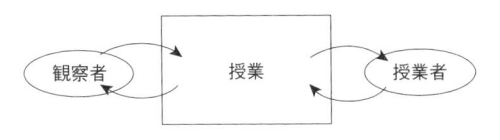

(c) 授業者が授業（自己表現）を語り，観察者が授業を語る

図4.2 授業者による「授業の対象化」のためのモデル（井上・藤岡，1993）

者は観察者の視点を借り，自分の授業を語ることが要求される．ところが，現実の授業者は，授業での子どもたちの反応を授業へ取り込むことを考えていて，授業者が授業の中に存在すると同時に，授業の外にも存在して語ることが必要になる．この場合，授業者が用いている授業への接近方法は，授業者それぞれに固有のものであり，また，授業者が授業について語ることばは，ある種の内言であると考えられる．

つまり，ヴィゴツキー流の定義の外言とは違って，そもそも授業者は自分の授業を他人に語るようには訓練されていない（自分の授業をするようには訓練されている）から，音声に現れない自分の頭の中だけのことばしかない（自分の授業を記述するためのことばをもっていない）可能性があるということなのである．

したがって，よりよい授業を目指して，(b)のように授業を構成している授業者が(a)の状態で授業を語ること（を要求すること）には飛躍がある．すなわち，授業を授業者の立場で対象化すること，そして授業者自身が授業を語り，実現した授業内容を表現することを「授業の対象化」と呼ぶのなら，授業者が日々の実践を語るためには(c)の段階が必要となる．

ところが，このように授業者と観察者とが対等に授業を語るためには，そのことばを授業者側で獲得する必要がある．なぜなら，(a)に示すように，授業記述の視点や評価のための用語は，授業者本来のものではなく，研究者側からの「借り物」であることが多いからなのである．そして，言語表現内容自体を確かめるためには，結局のところ，授業者がどのように自分の授業を見ているかをそのまま扱うということが必要になってくるのである．

● 測定の枠組みと測定道具に求められる用件

このようにモデル化して整理してみると，従来の研究方法（実験・調査・観察・面接）ではアプローチが難しいことがわかってきた．従来の授業分析は研究者による面接の記述が用いられてきたのだが，そこにも研究者側の「ことばの枠組み」が存在する．そこでさまざまな研究法について調べてみたのだが，社会科学全般の研究法へ範囲を広げても該当する道具が見あたらない．

しかし，調べていく中で，マッケオンとトーマスがQ手法について解説した中に，実験計画法で用意できない場合のQサンプルの作成についての解説があった（McKeown & Thomas, 1988）（注2）．これがヒントになり，この課

題の整理枠を思いつくことになった．

注2 日本語書籍ばかりでなく，英語の書籍を読みあさったが，このような課題について直接扱った事例が見つからなかった．Sage のシリーズの QASS（当時 1 から 102 まで）や QRM（1 から 46 まで）や AQT（1 から 9 まで）を読み進めているうちに，整理枠に気がつくことになる．なお，Q テクニックとよく混同されるが，Q 手法は Q ソートとも呼ばれる方法で，ことばを用いて（文章にして）その反応を並べ替えによる評定で測定する場合に用いる．まず，要因を決め，その要因ごとに水準を用意して，刺激文を組み合わせで作成するという実験計画法を利用したデータ収集法である．この巻には，実験刺激となる文章や用語の作成について，「naturalistic：対象被験者たちがすでに自然に使っているものをそのまま使う」「ready-made：研究者側で用意する」「quasi-naturalistic：事前に面接などで得られた先行研究の知見を利用する」「hybrid：それらを複合する」という区別をしており，繰り返し測定に耐えられるような標準化手続きのための刺激作成法が述べてあった．なお，上記の Sage シリーズは，QASS：Quantitative Applications in the Social Sciences, QRM：Qualitative Research Methods, AQT：Advanced Quantitative Techniques in the Social Sciences の略である．

つまり，授業結果の記述である授業分析では，授業者が「私的言語」（授業実現のためだけに必要で他人への伝達を意図しない personal language）を使って，自分の授業の視点を示すことは行われていない．しかし，研究者の研究の土壌から生み出されている言語，すなわち「研究者言語」（専門用語としての academic language）で構成された授業研究の枠組みにより，授業は結果として記述され，その結果を使ってプロセスを推論しているのである．また，従来の研究では授業者に自分の授業を自分だけの私的言語で表現することも保証されていないのである（表 4.1）．

そこで，この私的言語をそのまま測定するための道具が必要となる．しかし，表 4.1 に示すように，研究蓄積により知識の体系として要因が整理され，用語間の関係も専門用語として整備されている研究者言語に対し，授業者が用いている私的言語は要因もはっきりしていないし，構造も明確ではない．仮にエピソードやトピックを要素として取り出すことが可能であったとしても，授業構造全体への言及や授業での要素の関係を授業者に記述させることは不可能である（結局，研究者側が要素を使って再構築することになる）．

ところが，測定の枠組みとして，授業者の私的言語をそのまま収集可能で，同時に収集作業の中で授業者自身が自分の視点を確認することが可能な道具が

表 4.1 授業評価用語による記述の枠組み（井上・藤岡，1995 を改変）

要因 \ 記述言語	自分のことばで語る （order-made） personal language ことばは授業者の内的 な枠組みから生まれる	他人のことばで語る （ready-made） academic language ことばは授業者の外的 な枠組みで用意される
構造化されている	関係を語る ← 借り物の表現	関係を語る
構造化されていない	要素を語る	研究として現れない（×）

必要になったのである．また，授業者からデータを測定する以上，実学としてはその授業者への寄与もなければならない．さらにいえば，現場で使うためには，従来行われているような面接による授業分析のように，研究者としての修練や個人的技能を要求しないことが望ましい．

すなわち，道具として，①授業者の私的言語をそのまま測定できること（私的言語の存在証明），②授業者の自己対象化を促進できること，③測定のために測定者にも評価者にも特別な訓練を要求しないこと，といった性能が必要となり，カード構造化法を開発することになる．

●カード構造化法の開発と実践現場での適用

カード構造化法の詳細については，すでに発表済みである（井上・藤岡，1993；井上・藤岡，1995）．道具として開発したため工学系の雑誌で発表し，その後測定法としての信頼性や妥当性についてデータを蓄積しながら検討を続けてきた（注3）．

注3 この命名は共同研究者であった故 藤岡完治による．井上・藤岡（1995）には，同一 VTR を題材とした授業者と観察者との結果の相違と，「授業の流れ」という私的言語の存在を示してある．なお，論文投稿した当時，従来の測定枠組みの問題点指摘と道具としての性能評価について，査読者がどうしても理解できなかったという経緯があり，検証のために藤岡は看護教育の現場で，井上は教師教育の現場で評価を繰り返してきた．なお，井上は企業における専門家教育にも適用したのだが，非公開が約束のために発表できないでいる．

ここでは，教育現場で継続的に利用している例（山中・目黒，2002）を紹介する．現在，誰でも使えるという道具の観点と授業を自分のことばで語るとい

う測定形式の重視から，当初発表の手続きをさらに簡易にリファインしてある（注4）．

注4 この本では，方法としての手順・実践例（小学校・中学校）・応用についてのコメントなどが示され，教育現場での教員たちからの利用報告となっている．なお，この冊子については，〒251-0002　神奈川県藤沢市大鋸1407-1　藤沢市教育文化センター　担当目黒・磯上宛に請求すれば送付してもらえる．

図4.3は藤沢版カード構造化法の全体の流れである．手順の概要について，以下に示す．なお，図4.4〜4.7の模式図は藤沢市の今村　透教諭の手によるものである．

◉**カード構造化法の手順の概要**

〈事前準備〉　カード（名刺大の用紙：大量に少し厚目がよい），筆記用具（ペン，ラインマーカー数色），ラベル（付箋紙：一束），大きめの紙（カレンダー大，A2程度：1枚），のり．

〈ツリー図の作成手順〉

1　授業VTRの視聴：その授業の記憶をよみがえらせるために，VTRで授業を見直す．
2　印象カードを書く：1枚のカードに授業全体の印象を，単語あるいは短文で表現して書き，用意してある「大きめの紙」の上部・中央に貼る（図

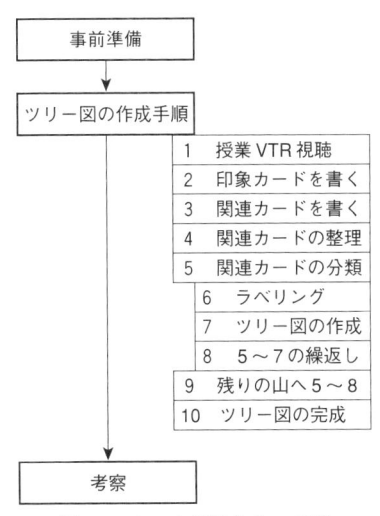

図4.3　カード構造化法の手順

4.4）.

3 関連カードを書く：授業を行っている最中に自分が感じたことや考えたことを，1枚1項目でカードに書き落とす．

4 関連カードの整理：書き出した関連カードをもう一度読み返し，新たに思いついたことを追加したり，1枚1項目になっていないカードを新しいカードに分けて書き直したりする．

5 関連カードの分類：すべての関連カードを裏返しにしてよく混ぜた後，ひとまとめにして手にもつ．そして1枚ずつ上から順にみながら，「似ている/似ていない」「一緒にする/一緒にしない」といった単なる類似の度合いで2つの山に分ける（図4.5）．

6 ラベリング：付箋紙を用い，それぞれの山に対してその山を一言で表すような「ラベル（見出し語・タイトル）」を付ける．

7 ツリー図の作成：2で「印象カード」を貼り付けた「大きな紙」に，高さがそろうようにラベルを貼り付ける．

8 上記5～7までの作業の繰返し：2つに分けた山の一方に対して5～7までの作業を行う．そして，それによってできた2つの山の一方に対して，再び5～7までの作業を行い，さらにそれによってできた2つの山の一方に対して…，というようにこれ以上分けられなくなるまで同様の作業を続

図 4.4 印象カードを書く

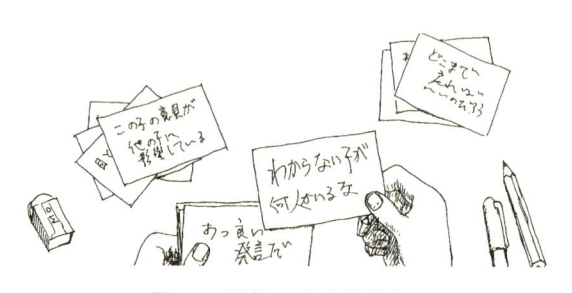

図 4.5 関連カードを分類する

ける．
9 まだ作業を行っていないカードの山に対して，上記5〜8までの作業を繰り返す．
10 ツリー図の完成：すべての作業が終了したら，貼り付けたラベルがどのように分かれていったのかをたどれるように，印象カードを出発点に各次元のラベルを順番に線で結び，ツリー図を完成させる（図4.6）．

〈考察の進め方〉
1) 印象カードやツリーのラベルに現れた語句について，プロンプター（後述）に説明するつもりで補う．
2) 「別のことば」または「新しいことば」で説明するつもりで，さらにくわしく補う．
3) ラベルとラベルの相似，相関，原因結果など，対応する箇所を見つけ，それらをグループ化して線で括る．さらに，他のグループやラベル，印象カードやツリー図上の書き込みなどと関係のあるものどうしを見つけ，線（方向→，相似＝，背反⇔，等）で結ぶ（図4.7）．
4) 最後に印象カード，さらに授業そのものへ戻ってツリー図全体を眺め，自

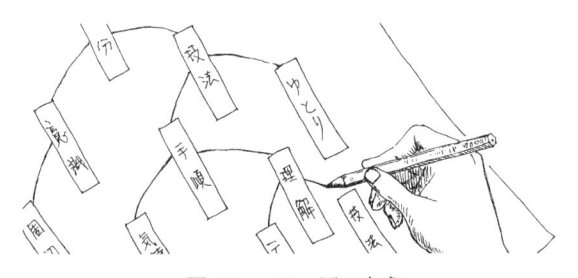

図 4.6 ツリー図の完成

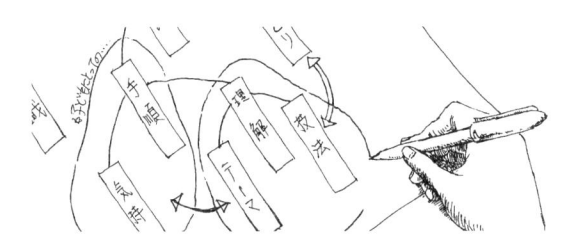

図 4.7 ツリー図での考察

分の授業のキーワードになるものを探す．
5) 考察を行う中で，気がついたことや思ったこと，感想などを書き留めておく．

4.4 実践を支えるためのシステムの開発

●よくある質問

　この手法について，よく受ける質問について述べておく．見てのとおり，KJ 法と非常によく似ている方法である．しかし，KJ 法がコミュニケーションを前提とする（個人でやっても最終的に目指すのはいわゆる外言となる）のに対し，カード構造化法は個人のことばをそのまま記述することを目的にしており，個人のことばをあるがままに収集することが目的となる．つまり性能の①が満たされなければならない．

　また，カード分類で強制的な二分法を用いることの弊害も指摘されることがある．しかし，個人内で「借り物」のカテゴリ化や概念化を行ったとき，最も効果的に判別可能なのが強制二分法なのである．また，すでに分類法としてその性質がわかっているということもあった（注 5）．分類という抽象化の手続きで全体の構造を評価者自身で確かめるために必要なのである（性能の②）．

注 5 例えば，大滝・堀江・Steinberg (1998) などのように，数値データの二分法については数学的な性質がほとんど明らかになっていた．カテゴリ化の二分法についても，数学的には「A/not A」「A/B」「A/other」というような分類の手法がわかっている．なお，ここで用いた分類法は pile sort と呼ばれ，ウェラーとロムニーにその詳細がある (Weller & Romney, 1988)．

●プロンプターの役割

　さらに，山中・目黒（2002）でも留意点として述べているが，プロンプター（注 6）という役回りが重要になる．プロンプターには事前に決められた以外の応答は基本的に許されていない．これは，プロンプターが特定の価値をツリー図作成へ持ち込まないようにするためである．いうまでもなく，これを許してしまうと，違和感の生じる授業研究の場と同じことが生じるからであり，道具としての性能③を満たすために必要なのである．

注 6 プロンプターとは，そもそも舞台用語で，出演者が台詞や動作につまった場合に合図を送る役割を指す．しかし，ここでは「台詞代読役」ではなく，「進行を

円滑に進める役割」だけを意味している．これは，カード構造化法が面接の一種であり，従来教育現場でみられるような，面接者による授業の解読や勝手な授業の価値づけを防ぐためである．つまり，プロンプターの役割とは「授業者が自分のことばで授業を語る」ことを促進するのみで，構造化面接のように応答するパターンもあらかじめ決めている．

例えば，授業者自身により，どのような「私的言語」が得られるかについて例を示す（小暮, 2002）．中学校美術科の例であり，いわゆる授業がうまくいっていない状態について，それぞれの授業後に撮影VTRを見ながら直後に行ったもので，3回の測定を通した考察を授業者自身で行っている．

四角で囲まれたカードのツリーに対し，それぞれ書き込まれたものは授業者自身のことばだけであり，ことばが出てきた時間順にフォントを変え，実線を点線にして示している．ここでプロンプターは，誘導を排して，状況説明の追加要求とカードの関係性を問うだけである．第1回目（図4.8），第2回目（図4.9），第3回目（図4.10）を通して，得られた知見は授業者の手によってまとめられている（図4.11）．

この図には授業者固有の私的言語と思われる表現がやはり見受けられる．例えば，「集中」ということばが図に繰り返し出てくるが，それは「授業の中の自分が活躍する場面できちんと反応する」ということを示しているらしいし，「課題」ということばには，授業者としての授業のプロセス評価が示されているらしい．そして，授業者として授業を組み立てるためにどのように考えればよいかについてのヒントを得たということである．

●有効性と課題

このように，この手法がある程度教育現場で有効であるということはわかってきた．つまり，当初の目的であった道具としての性能はある程度満たされているということである．しかし，そこで得られた授業者自身のキーワードが，自分の授業を自分のことばで語るためか，非常に納得のいくものになることが多く，この課題を終えた段階で自分の知見を整理してしまう（体系化してしまう）教員も出てきた．こうなると，授業に対する枠組みがはっきりして，自分で自分の課題を見つけてしまうために，データ測定してからその授業者の授業に対する見方の変化をとらえる，というような心理学的な検討ができなくなってしまう．

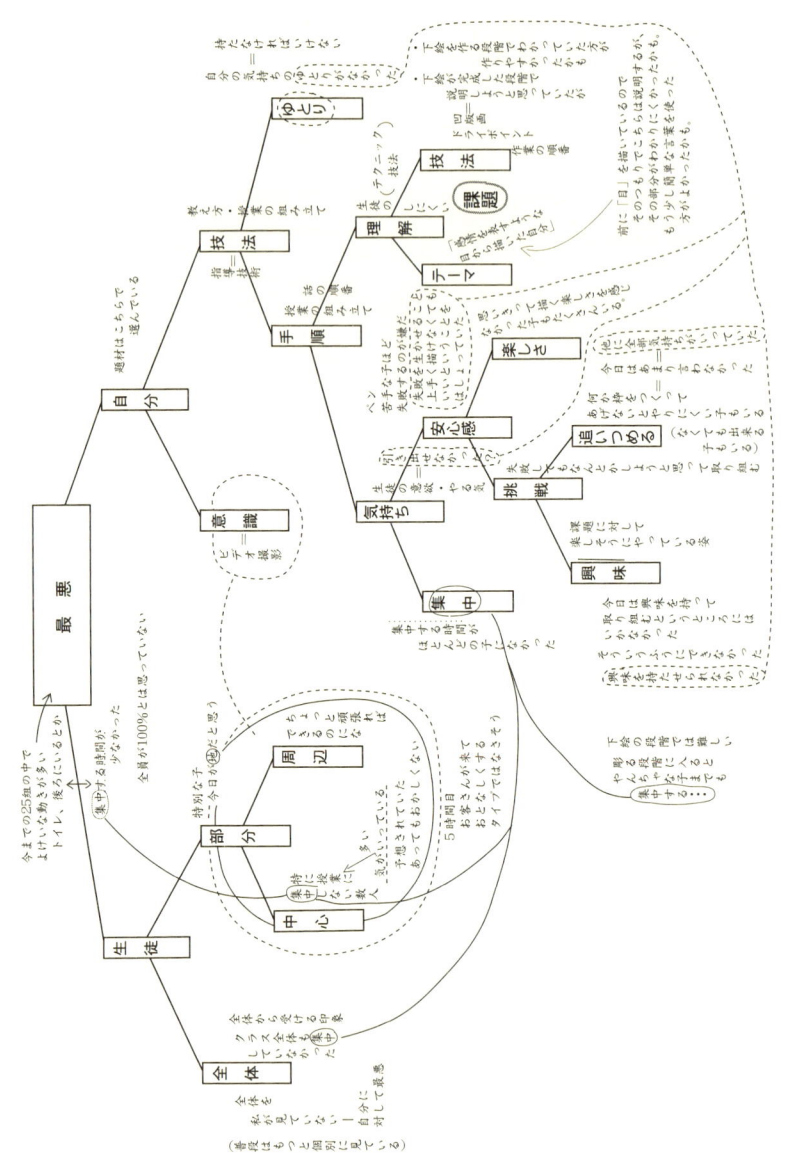

図 4.8 第1回目の結果（小暮, 2002）

4.4 実践を支えるためのシステムの開発

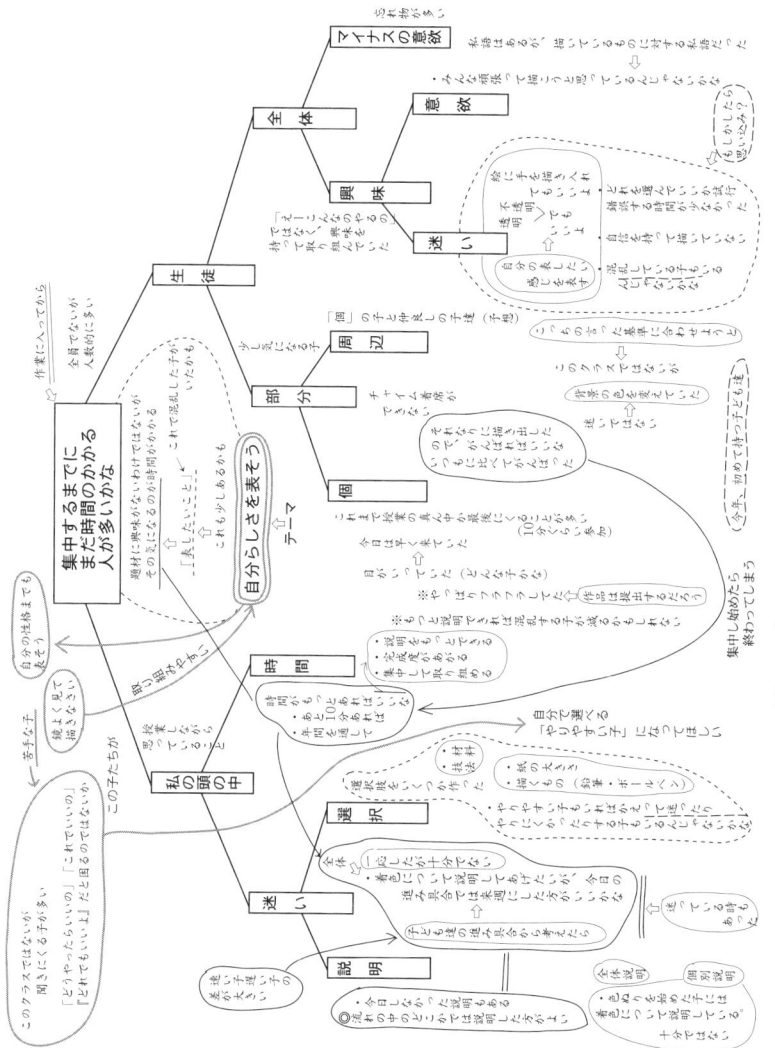

図 4.9 第 2 回目の結果（小募, 2002）

106   4. 教育実践研究のための方法

図 4.10 第 3 回目の結果（小暮, 2002）

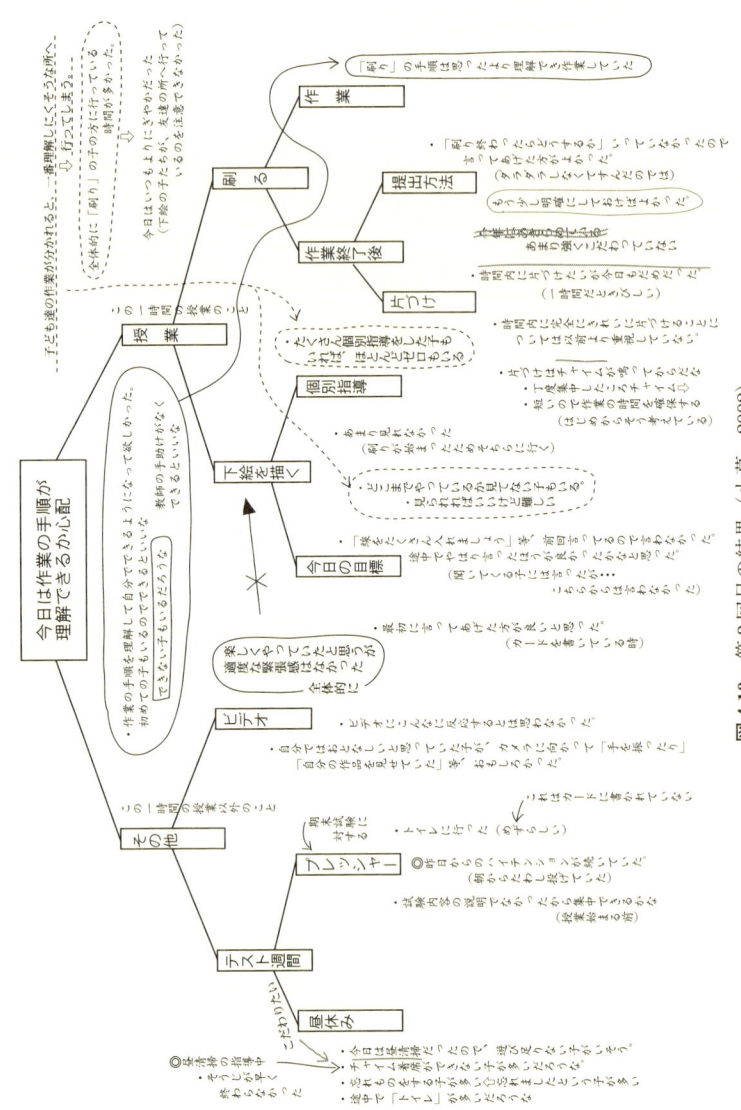

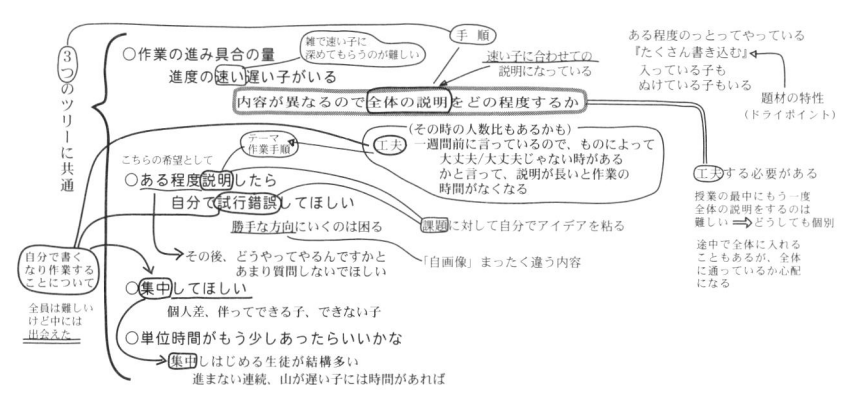

図4.11 3回のツリー図を見比べて（小暮，2002）

　もちろん，これは私が授業者側に立つ（ことが可能な情報を得ることができる）ために研究者としてのポジションを見失いがちになるということでもある．そして，論文形式での研究成果としては，まとめにくいことをやっているわけである．

　しかたがないので当分はこうした「自分の授業を自分で語る」ことを授業研究に位置づけるための現職教員実践研究システム開発や維持の手助けを現場で行い，授業の中での授業者の心理プロセスを記述することで，授業者の「自分らしい」授業を追いかけるようになっている．なお，現在もこのシステムは修正を伴いながら稼動中である．　　　　　　　　　　　　　　　　　　[井上裕光]

■文　献

市川伸一（2003）．教育心理学は何をするのか──その理念と目的　日本教育心理学会（編）教育心理学ハンドブック　有斐閣
井上裕光（1994）．心理量をはかる　現状とその問題点　人間工学，**30**(3)，137-140．
井上裕光（2004a）．情報教育　日本家政学会（編）家政学事典　朝倉書店　p. 311．
井上裕光（2004b）．（用語間の取りまとめなど），JIS Z8144：2004　日本工業規格　官能評価分析─用語　Sensory Analysis-Vocabulary　日本規格協会
井上裕光・藤岡完治（1993）．教師教育のための授業分析法の開発　横浜国立大学教育指導実践センター紀要，**9**，75-88．
井上裕光・藤岡完治（1995）．教師教育のための「私的」言語を用いた授業分析法の開発　日本教育工学雑誌，**18**(3/4)，209-217．
小暮敏代（2002）．カード構造化法の実践例──中学校　藤沢市教育文化センター教育実践臨床研究部会（編）教育実践臨床研究：学びに立ち会う──授業研究の新しいパラダイム　藤沢市　pp. 105-113．

McKewn, B., & Thomas, D. (1988). *Q methodology.* QASS-66. California : Sage.
中村義作 (2004). 仕事に生かせる技術者の勉強法　近代科学社
大滝　厚・堀江宥治・Steinberg, D. (1998). 応用 2 進木解析法―― CART による　日科技連出版社
Weller, S. C., & Ramney, A. K. (1988). *Systematic date collection.* QRM-10. California : Sage.
山中伸一・目黒　悟 (2002). カード構造化法の手順　藤沢市教育文化センター教育実践臨床研究部会（編）教育実践臨床研究：学びに立ち会う――授業研究の新しいパラダイム　藤沢市　pp. 83-92.

5. 発達研究における変化
―― 高齢者介護研究を通して

5.1 高齢者介護研究の視点

　本章では，高齢者研究，とくに介護研究から，発達研究の主たる関心である変化について考えてみたい．発達研究全体からみた場合，高齢者研究，家族介護研究はいかにも特殊な領域と思われるかもしれない．しかし，例えば *Handbook of psychology of aging* の最新刊である第五版の part 1 は「概念，理論，方法」を扱っているが，その章立ては，1. 歴史，2. 縦断研究のための構造方程式，3. 縦断研究，4. 行動主義的介入研究，5. 遺伝学である．この構成は今日の老年心理学に要請される「調査協力者が漸減する多変数縦断研究」という特徴に対応するための研究手法に必須の2と3，単に記述・分類・説明するだけでなく状態の改善を目指す4，学際的アプローチを反映した5，というように理解できる（Birren & Schaie, 2001）．つまり高齢者研究の最新のアプローチは，縦断，介入，遺伝といずれも「変化」を前提としているものである．
　そしてさらに，この領域だからこそあげることのできる，発達研究全体を照射する変化について指摘できることが，（さしあたり）2つある．
　第1の論点は，変化の前提であるカテゴリの成立についてである．変化とは，少なくとも2つの時点で比較されることで見いだされるものである．発達研究でいえば，乳児と幼児を比べたり，成人と老人を比べたりする必要がある．ただし，これらの時系列に配されるカテゴリは，ア・プリオリに存在しているわけではなく，なんらかの経緯で生みだされる．例えば，子どもの発達研究の歴史では，子どもというカテゴリが社会的に構成されたのちに，子どもの能力が（大人と比べて）劣っているというナイーブな信念に対して科学的に反

論したという経緯をもつ（藤永，2000）．そして近年，高齢者研究において，同様の形式が繰り返されている（川野，2004）．つまり，子ども/高齢者といったカテゴリは社会・歴史的背景を色濃く反映しているのであり，それを前提としてテーマや研究方法を整備していることには一定の注意が必要だろう．ただし，この点については別の機会に論じたい．

第2の論点は，とくにケアする/されるという関係において明確になる．それは，変化にはそれを報告するものが存在するということである．ここでケアというのは，かなり広い意味で，養育，教育，介護などを含むものとして用いているが，例えば子どもの発達をとらえようとする研究者は，ケアの提供者である親が子どもの発達をとらえているということに注目せざるをえない．子どもには十分に自らの状態を報告できない場合があるが，親は，子ども本人よりも詳細に報告するだけの言語・認知能力がある．そればかりでなく，その子どもの生活を構成する重要な役割を担い，かつ最も長時間観察するものでもある（もちろん，同様のことが要介護老人にもあてはまる）．つまり，ケアを提供するためには（研究者に回答を求められるまでもなく）対象者の変化を読み取り，ケアの内容を決定しなければならない．これは，いわば変化を具体的なフィードバックに変換するプロセスであり，発達の理論・研究方法上，興味深いものではないだろうか．

以下では，高齢者への家族介護（以後，家族介護）研究について，筆者がこれまで取り組んできた介護者の意思と行為に関する研究を反省的に取り上げながら，観察者としての介護者という視点から論じる．なお，本章の結論を先取りしておくと，「変化の観察者Aが対象Bを観察しつつ自らの行為を決定する過程」という枠組みについて，発達研究はより積極的に検討手段を整備すべきであるということである．

5.2 介護研究における変化

●変化への期待と矛盾

高齢者介護に焦点をあてるなら，子どもの養育研究とは決定的に異なる本質的な困難について踏まえておく必要があるだろう．

そもそも介護者は，被介護者の状態の変化（悪化）を把握しなければならな

いが，介護の成果としては変化（悪化）しないことを期待している（すべき）者である．しかし，高齢者介護の場合，適切に介護を継続していたとしても，長期的にみれば被介護者の身体的状態は必ず変化し，やがて死を迎える．つまり，高齢者介護は被介護者の心身健康の変化を含みこんでいる限り，徐々に矛盾が顕在化してくる可能性がある行為なのである．

この点を高齢者介護研究の最も大きな潮流である介護者の負担・ストレスの研究から考えてみよう．身体的・心理的負担がどの程度のものなのかを科学的に測定し，その関連要因を明らかにするために，これまで多くの研究がなされている．施設の介護職員を対象とした研究（例えば，Heine, 1986；矢冨・中谷・巻田，1991；川野ほか，1995；原田ほか，2000）もあるが，近年は量的データのとりにくい家族介護者を対象とした研究でも成果があげられている．岡崎（2000）はこの領域の研究をレビューし，主たる介護者の疲労感・負担感あるいは抑うつ状態の規定要因としては，要介護者の日常生活動作（ADL）の低下，介護時間や介護期間の長さ，介護者自身の健康や介護上の困難，介護者と要介護者の相互作用のあり方，介護協力者の有無や家族関係などが見いだされていることを指摘している．

◉**複雑な変化をとらえる**

しかし先に述べたように，長期的にみれば，いかなる介護であれ要介護者のADL の低下を完全に抑えることはできない．そのことは他の変数，例えば介護の時間や期間が刻々と変化することにつながり，あるいは周囲のサポートの必要性が増してくると推測できる．

つまり，介護者のストレス状況は，一時的な状態を切り取るだけでは十分ではないのである．時間経過に伴って諸変数のシステムが変化する，あるいは節目ごとに再構成される，というモデルが適切かもしれない．いずれにせよ時間的に変容していくのだが，それは介護者が2 つの方向に引き裂かれる結果ともいえる．

すなわち，一方では，介護者の介護行為を支える医療・福祉の専門的知識（者）は，やがて家庭介護の限界を告げ，ヘルパーの利用や老人ホームへ預けるといった外部資源導入や，被介護者の変化に応じた決断，つまり家庭での介護の中止を求める．他方，介護に関する社会規範や家族の期待，そして介護者の被介護者への愛着は動機づけを支え，被介護者の変化を介護者が新たな行為

(外部資源を導入する)に結びつけないこと,そして家庭での介護を継続していくことを強く支持するのである.介護行為の継続/中止はこの双方によって明確な亀裂として徐々に強調されていくことになるだろう.ここで第1の論点を意識するなら,家庭介護者は自ら「家庭で介護できない高齢者」カテゴリを作りつつ変化を見いだす者であり,かつ社会的に構成された「(自立/要介護) = (成功/失敗)」という二分法を実践する者となりかねない(川野,2004).

このような複雑な過程をとらえるために有効と考えられる1つの方向性は質的研究であり,特にプロセスを抽出することを目的とした質的データについてグラウンディッド・セオリー・アプローチ(GTA)を採用した研究が数多くなされている.これらの方法では,介護の経緯を詳細に聞き取り,それらの情報を小さな概念にいったん細分化し,個人差を考慮せずに,共通するプロセスを描き出すことを目的にした作業となることが多い.これまでの研究ではその焦点を介護者の「介護する動機」「介護する理由」「介護の価値」などにあてて,上記のような諸要因との関連性を検討している.鈴木・谷口・浅川(2004)はこれらを「介護の意味づけ」という概念で包摂できると指摘している.

5.3 状況に応じて構成を変える介護者の目標:質問紙調査

しかし,筆者はこれまでこの問題について別様の研究方法でアプローチしてきた.以下では3つの研究を実施した順に紹介するが,それらはいずれも介護の全体像(プロセス)を描き出すのではなく,介護の意思決定という現象自体の起こり方に力点をおこうとしてきたものである.それらは一見,登山用にルートの地図を描くか,それとも個別の岩場の克服の仕方を説明するかというように,俯瞰図対個別のスキル解説にたとえられるようにも思える.つまりどちらも視点が違うだけで大事だと.

しかし,少なくとも今日の高齢者介護において,あらかじめ通るべき道が描き出せるというのは少し無理のある前提ではないだろうか.要介護者の変化に対して行為を選択する場面,つまり介護者の意思決定に注目し研究を進めてきた中で,筆者にとってそのような疑問が少しずつ明確になり,同時に自らの問題意識として形成されたように思う.

●介護の目標構造

1つ目の研究は，特別養護老人ホームの介護職員がどのように介護の目標を立てているのかについて検討したものである（川野，1997）．そもそも，施設において介護の目標は多様に存在している．そして，必ずしもそれらすべてを同時に達成できるとは限らない．例えば，視力を失った利用者に手すりを伝って自分で移動してもらうのは，残存能力（歩行）を生かすという目標を実現する実践となりうる．しかし同時に，利用者の安全を守ることも重要な目標であり，忙しい業務の中ではこの両方を目的とすることは困難である．このように，目標間に葛藤関係がある場合について，介護者の意思決定の仕組みを探ろうとした．

面接調査　まず施設での介護の目標構造をとらえるために，特別養護老人ホーム4施設から各2名ずつ計8名の介護職員に対して，ラダーリングと呼ばれる手続きを含むインタビューを実施した．

はじめに，利用者の日々の介護で心がけていることをいくつかあげてもらう．次に「あなたはなぜ，○○を心がけているのですか」という質問でより抽象度の高い内容を，また「具体的にいうと，どうすると○○なのですか」という質問でより具体的な（抽象度の低い）内容を引き出した．はしごをかけるように，上下に概念を展開していくこのような手続きをラダーリングという．そしてこれをもとに，同一水準にある6つの介護の目標を設定した（図5.1）．

質問紙調査　これら6つの目標を用いた質問紙調査が本調査である．その結果，図5.2に示すように，利用者の考えを尊重すること，利用者の残存能力を生かすこと，スケジュールを守ることという3つの目標は，いずれの2つも両立しにくいという三すくみの関係にあることなどがわかった．このような構造があることを前提に，利用者の特性に応じて介護者が目標の構成の仕方を変えるかどうかを確かめたのが表5.1である．この表からは，介護経験3年以上のベテランは仕事の自由度が低い場合，また利用者に認知症がある場合には，両立しにくい組み合わせを避けていることがわかる．つまり，利用者の状態に応じて，目標を設定しているのである．ところが，経験年数3年未満の介護者には，このような変動はみられない．

●目標を構成する

もちろんこれは横断データなので，「変化」そのものを検討しているわけで

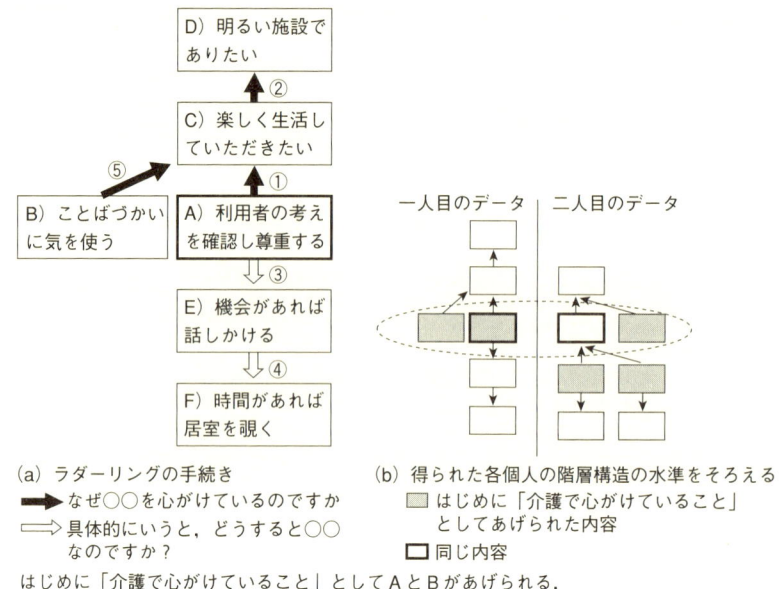

(a) ラダーリングの手続き
➡ なぜ○○を心がけているのですか
⇒ 具体的にいうと、どうすると○○なのですか？

はじめに「介護で心がけていること」としてAとBがあげられる．
数字は、その2枚からのラダーリングの順序を示す．

(b) 得られた各個人の階層構造の水準をそろえる
▨ はじめに「介護で心がけていること」としてあげられた内容
□ 同じ内容

図 5.1　インタビューデータの整理

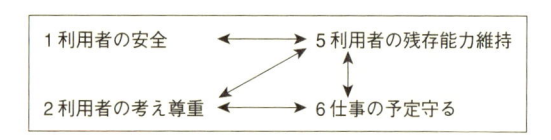

図 5.2　両立が難しい介護目標の組み合わせ

表 5.1　葛藤項目を上にあげた人数比（％）

経験年数	仕事の自由度	利用者	
		認知症なし	認知症あり
新人	低い	33	33
	高い	37	37
ベテラン	低い	32	21
	高い	57	48

新人：介護職員としての経験年数3年未満
ベテラン：3年以上

はない．しかし，認知症の有無の差を時間的変化と読み替えるなら，ここから推測できる「変化の観察者Aが対象Bを観察しつつ自らの行為を決定する過

程」とは以下のようなものである．すなわち，利用者が認知症になれば，介護者はそれに応じて目標設定を無理のないように変える（詳細な分析は省略するが，利用者の安全とことばづかいにより留意し，残存能力を生かすことについては少し優先順位を下げる，という方向性である）．それは，介護者自身が経験を積んで変わっていることで可能になる．経験を積むと，仕事の自由度を考慮に入れて介護の目標を変えることができるようになる．

なお，ここで用いたように，対象者の変化を（ここでは場面想定ではあるが）実験的に操作するのは，変化の場面を逃さない確実な方法であることはいうまでもない．ただし，この手続きは決して完全ではない．どのような変化が介護者に影響力をもつのかについて，詳細な検討を経た上で実験的に「変化」を設定するのでなければ，実際の介護場面との関連性は希薄になってしまうためである．そう考えると，むしろこの方法は他の研究を終えたあとに実施するべきであった．場面想定によるメタ認識と現場的実感の距離について，考慮する必要があったのかもしれない．

5.4 状況に応じ移動する利用者と介護者の意図：観察研究

先の質問紙調査が備えていた欠点，つまり，あらかじめ「変化」の量と方向を研究者が設定・記述しておくことの限界を克服する研究方法は，単純に考えれば自然場面の観察になるだろう．2つ目の研究は，特別養護老人ホーム（以下，特養）で実施した食事介助場面の観察研究である．

●食事介助場面の観察

筆者らはある特養でフィールド研究を行い，食事の全介助が必要な利用者とその介助者グループによる昼食時の介助シーンを観察した（川野，2001；根ヶ山・川野，2003）．本節で取り上げるのは，会話は少なく，意思疎通が難しく，認知症があり，またとくに食事に関していえば嚥下困難があり，かなり時間をかけて食事を済ませることも多かったある利用者への介助である．

分析方法の確定　ただし，その分析方法が確定するまではかなりの試行錯誤があった．まず，食事介助の全体構成を上のような諸要素の組み合わせとして把握するためにDEMATELという解析プログラムで記述した上で（図5.3），注目すべき要素を観察とデータ分析を繰り返しながら絞り込んでいくという作

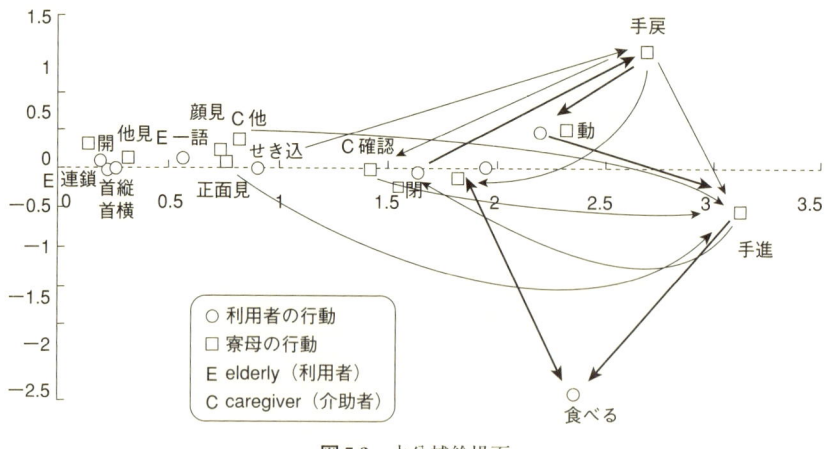

図5.3 水分補給場面

業を行った．そして最終的には，とても単純な要素に注目することになった．介助者が食事を利用者の口元に運ぶことと，利用者が口に入れ飲み込むこと，食事介助はこの2つの要素の連鎖を中心に考えることで，その展開が明確になると理解できたのである．

そこで，上記の利用者と介助者がいかにせめぎあって食事が変化していくかを知るために以下の4つの連鎖を集計した．①介助者が手を進めたときに利用者が口に入れた場合，②介助者が手を進めたのに利用者が口を閉じた場合，③利用者が口を閉じたときに，介助者が手を引いた場合，④利用者が口を閉じたのに，介助者が手を引かなかった場合について，①と④は利用者との相互交渉において介助者の意図が示される連鎖としてY軸プラス方向に，②と③は逆に，利用者の意図が示される連鎖としてマイナス方向にその頻度を加算して，時間経緯を示したのである（図5.4）．

意図の移り変わり　ここで示された利用者と介助者1の食事は，実は400秒以降は固形物摂取から水分摂取になっていくので，嚥下困難をもつ利用者にとっては嚥下が難しくつらくなり，一方，介助者にとってはより注意が必要になっている．ただしグラフから読み取れるのは，そこを境に，介助者の意図の優先から利用者の意図の優先へとやりとりの特徴ががらりと変わる様子ではない．①やりとりの総頻度（プラス・マイナスの連鎖頻度の合計）が増加し，②具体的な相互行為の中で徐々に両者の連鎖が移り変わる，という様子である．

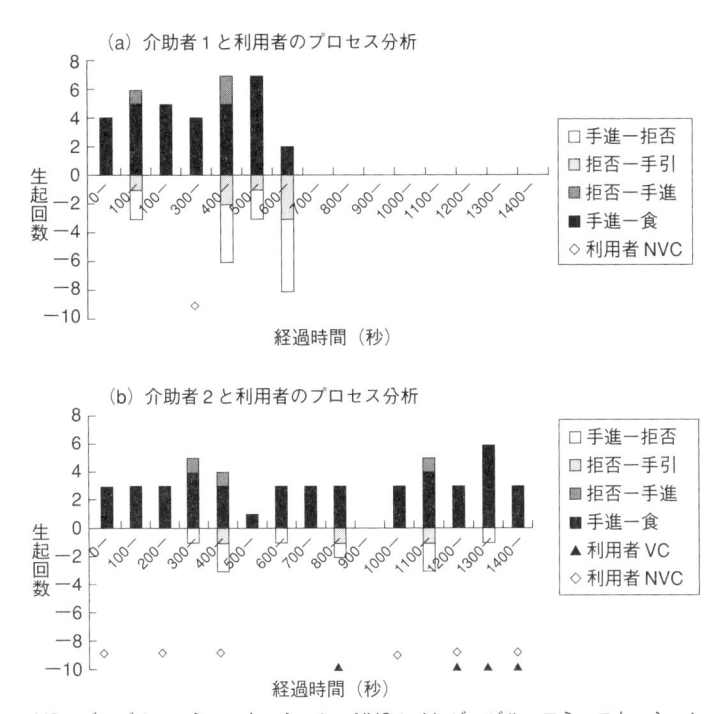

5.4 状況に応じ移動する利用者と介護者の意図：観察研究

(a) 介助者1と利用者のプロセス分析

凡例：□手進－拒否、□拒否－手引、■拒否－手進、■手進－食、◇利用者NVC

縦軸：生起回数　横軸：経過時間（秒）

(b) 介助者2と利用者のプロセス分析

凡例：□手進－拒否、□拒否－手引、■拒否－手進、■手進－食、▲利用者VC、◇利用者NVC

縦軸：生起回数　横軸：経過時間（秒）

VC：バーバル・コミュニケーション，NVC：ノンバーバル・コミュニケーション

図5.4　利用者と介助者のプロセス分析

　介助者の側から記述するなら，介助者は食事内容の変化ではなく行為者の食べるという反応の変化に対応し（さらに利用者はそのような介助者の変化に対応し），やりとりの頻度を増やす調整期間を経て，介助の仕方を，より利用者の意図を尊重するように調整したということになるだろう．

　これと比べると介助者2との過程は移り変わりが明確ではない．そのかわりに，後半に声によるコミュニケーションが増えている．つまり，介助者1と利用者のやりとりがあくまで2つの要素を中心とした食事行為文脈の中での展開であるのに対し，介助者2の食事介助では，想定した要素の連鎖によるやりとりがいわば統制力を失い，新たな文脈での様相を必要としていたのである．平たくいえば，手が進む→食べる（/食べない）という単純な展開では収まらない状況，例えば利用者が口を止めてしまい介助者に状況が理解できないようになり，どちらかがことばで意思表示をすることが必要になっているのである．

●観察における変化

　ビデオを用いた自由観察では，このように変化のメカニズムを詳細に検討できる．そして，データからボトムアップに視点を設定することで，（介助者2が示したような）当初想像していなかった変化を扱う可能性もある．ただし，それは「あとから視点を定める有利さ」があるというにすぎない．したがって，研究者はなぜそのような変化を取り出したのかについて，自省的に検討する必要があるだろう．

　また，本節で扱っていた「変化」とは，1回の食事介助において介助者が利用者に見いだしたものであるが，通常，発達心理学で扱う変化とは異なる．発達心理学では，「2語文が話せるようになった」というように，新しい状態が不可逆あるいは一定期間継続することを想定しているだろう．もちろん先に述べたように，本章で扱っている変化とは結果の記述ではなく「変化のメカニズム」であるが，それがケアの関係性の中で「安定」する仕組みについてはさらに検討が必要であろう．それはおそらく食事の個々の「行動」の選択を重ねることで生成される解釈・意味の生成に注目することになるのではないだろうか．「最近，嚥下が困難になってきたようだ．そろそろ，お茶もとろみをつける必要があるかもしれない」というように．しかし逆に，このように日常の繰り返しがなければ，「発達心理学的変化」も起こりえない．

5.5　変化における意味の生成：面接調査

　多様な要素や可能性を考慮しながら解釈し，意味の生成をすることで変化を取り出す介助者について検討する．最後に紹介するのは，このような目的のための方法であるが，それは結局，面接データについての質的研究ということに戻ってくる．ただし，先に紹介したように「介護過程の共通するプロセスを描き出すこと」を目的とするのではなく，あくまで変化の起こり方自体をとらえることを目指したい．それは，登山のメタファをもう一度繰り返すなら，他人が成功したルートを示すのではなく，個々の人が登山をする際の歩き方，問題の対処の仕方の知見が（他の人の支援には）有効であると考えるためである．

●ナラティヴ・アナリシス

　したがって，面接データの分析はGTAのように個人のデータを細分化して

共通プロセスを抽出しようとする手法ではなく，個人の語りのシークエンスや構成を重視するナラティヴ・アナリシスが適切だと考えた（川野，2005）．

筆者らがここ数年取り組んできた，ある地域での家庭介護者の聞き取り調査から，72 歳の夫の介護を続ける 70 歳の女性の語りを取り上げよう．彼女はこの時点で夫の介護を 4 年間続けている．

夫の認知症についての語り

痴呆？

うーん…いつでもでは，ないんですよね．時々分かんなくなる．うん．夜中に起きて…．起きて，ねえ．着替えたりテレビなんかつけちゃったり時間の観念がちがわない．

もう，今日は行くって言えば，もう，9 時半頃しか迎えに来ないんだから，待ってます 8 時半に，もう，玄関．な感じ．（…2 秒）曜日もわからなくなりました．（笑）

でも，…ちょっとね…だから私もそうなってひどくなったとき，どうしたらいいだろう考えます．そういうときは．

うーん…ええほんと，あのほら，よくー，老人が，あのー，寝たきりにして介護してて殺して一緒に死んだなんてあるでしょ．あの，新聞なんか出るでしょ．「はあー，こういうことか」と思うときあります，ん，ひどくなったときはね．そういうふうに，あの，痴呆が進んできたときには，あの…．

うん．なんでもなくて，普通に，ときもあるんですよ．その辺がね，ちょっとまだだね，ハハ（笑）．…留守番できるかなー，なんて思ってー，あのー，出かけて，…あの，ちょ，ちょいちょい，いきますよ．

ここで介助者は，夫の「痴呆（原文のまま）」の程度の変化を考え，それへの対応が可能かどうかについて語っている．この語りを図 5.5 のように分析した．つまり，夫の痴呆の程度によって，現状が維持できないかもしれないというように日常的な介護観が揺さぶられ，ケアを続けるか否かという二分法的な比較から，（逆に今はまだひどくなっていないのだからもう少し）介護を続けることができるという意味の生成をしているとみなしたのである．

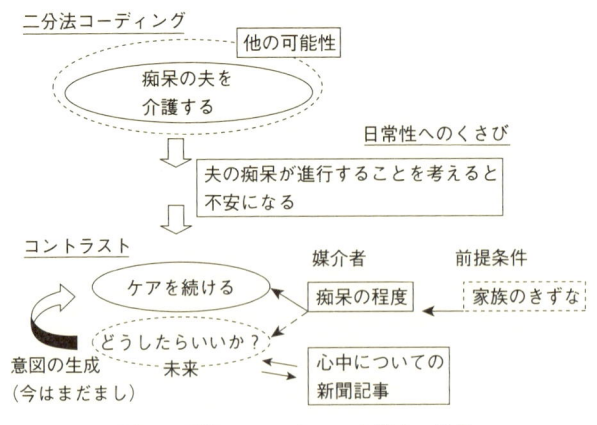

図5.5 語りのコントラスト構成の分析

●意味生成における「媒介者」への注目

このように，未来を志向し，現状と対立する項をめぐっての対話（他者との間で，あるいは自己内で）こそが，新しい意味の生成を担い将来への展望を開き/制約すると，ヴァルシナーは指摘している（Valsiner, 2004）．

そのような場面を，以下のような手順で分析した（Kawano, 2004）．①問題を含んだパラグラフを選ぶ：現状が揺さぶられる状況を含む部分に注目する．②問題を二分法コーディングで記述する：図5.5のように，複数の項目の対立・協調関係を記述する．③媒介者を発見する：項目の対比を導いていることがらに注目し，同時にそれらの関係性に対応する前提条件を検討する．④見いだした項目間の関係を図示する．

ここで重要なことは，ケア関係においてこのような意味生成を駆動する「媒介者」は，被介助者である高齢者の特性，ここでは「想像される痴呆の程度」であり，なぜ介助者がそれに注目をしなければならないのか，またなぜそれを変化として見いだそうとしたのかについて，注意を払うことである．

例えばこの例では，前提条件としての家族としてのつながり，またふと夫の「痴呆」のことを思い浮かべるときに連想される，介護心中のエピソードなどがこの意味生成を支える重要な要素になっている．そして，介護を続ける他の多くの介助者が同様に「痴呆」に出会ったとしても，あるいは同じ介助者が別の前提をもっていれば，生成される意味は異なる可能性があることも推測できるだろう．

5.6 発達研究におけるケア関係という視点

　ここまで，ケア提供者による介護の意思決定について，変化の観察という視点から述べてきた．最後に，観察者一般（科学的研究者やケア提供者，それ以外も含む）のレベルから論じ直すことでまとめとしたい．

● 「変化の測定」を構成する

　通常，時間的に前後関係のある数時点で，ある変数を信頼性の高い方法で調べ，その差異を検討することで変化はとらえられる．しかし，こんな例はどうだろう．まだ5分ある，もう4分30秒しかない，1分だけ延長しよう，あと30秒待とう，CM明けまで，次の打者の結果がわかるまで…と時間のない野球ファンが，逆転のヒットを期待しながらテレビを消す時間までを計っている様子．ここでは，次の予定が迫ってくることと自らの行為（席を離れるか否か）をも含めて時間計測は成立している．一方，変化する側（野球のプレーヤー）からすれば，読み取る側がそのつど生み出す前提と「ものさし」に合わせて変化する義理はない．

　つまり，「客観的に」変化を記録，あるいは測定するという考え方はある現実的な要素を隠蔽しているように思うのである．私たち変化の観察者は，なんらかの方向性をもって時間単位と注目する側面を定め，切り取るべくして変化を切り取る．いわば，観察する前に（データ化される）変化は選択されているのである．そして時間単位は，ある背景の下でたまたま選ばれたものさしの「刻み目」にすぎない．経験や期待なども反映させながら，変化の観察者は時にものさしを取り替えながらでも観察を続けるのである．

　それを模式図として示したのが図5.6である．先の野球ファンの例を使ってこのプロセスをたどってみよう．観察者＝野球ファンは，ある時点（例えば図の t_x）で5分だけテレビをみようと決めたとする．例えば，1本ヒットがでれば点が入りそうな（変化）状況で，しかし外出しなければならないのだ．

　ところが，バッター（観察対象）は粘ってアウトにもならないし，ヒットも打たない（観察対象の状態の持続）．30秒経って（t_x+1）野球ファンが時計をみたのは，かなりぎりぎりに締め切りを設定したためだろうか．その後，テレビに集中していて，次に時計をみたら（t_x+2），ほぼ予定の5分（goal 1）が経

A どのようにして，これらの時点に「観察打ち切り→行為」は設定/変更されたのか

B どのようにして，この状態差を変化とみなす（かつ行為に移る）のか

設定された観察打ち切り時点　　goal1 goal2 goal3

観察対象の状態の持続//変化　　変化

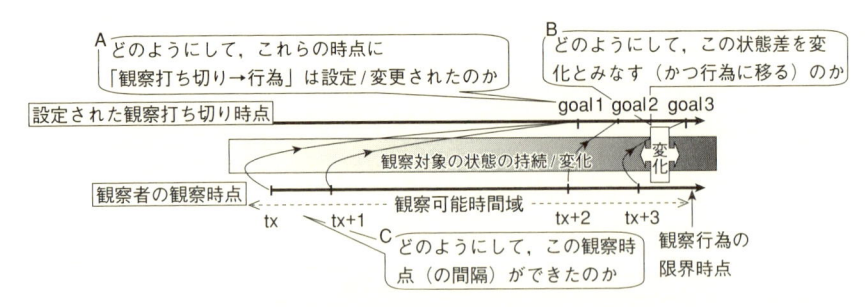

観察者の観察時点

観察可能時間域

tx　tx+1　　　　　　tx+2　tx+3

C どのようにして，この観察時点（の間隔）ができたのか

観察行為の限界時点

図5.6 変化の観察において前提となる3つの要因

ったので，あと1分だけテレビをみる（goal 2）ことにした．あるいは，それまでの観察からこのバッターはとても打てそうにないと考え（変化の定義を変更）外出してしまうかもしれない．

●**変化を生み出す仕組みとしてのケア**

つまり，変化の観察においては，変化の性質やものさしの適切さを問うことだけではなく，時には観察者がそのものさしを用いるに至ったプロセス自体を検討することも重要であるように思う．変化を見いだそうとするとき，変化を起こす者とは別に，変化を読み取る者の前提がある．それはどのようなものか，そしてなぜなのか．

このような視点は，発達研究における科学的観察者にとっては，観察の信頼性・妥当性を自省する際の留意点といえよう．しかし，ある研究テーマにおいては，むしろ現象に対する有力な分析枠組みとなる．それが「変化の観察者Aが対象Bを観察しつつ自らの行為を決定する過程」，つまりケアの関係を分析する場合である．ただし，ここで観察者の位置は，研究者からケア提供者に替わる．つまり，親が子育てにおいて次の働きかけを決定すること，あるいは介護者が被介護者の様子をみながら自らの介護を定め，あるいは老人ホームへの入所を決定しようとすることなど，他者へのケア（岡本, 1999）を実施する者の認知と意思決定の分析の焦点が，図5.6の作業になる．そして，先に紹介した筆者の質問紙研究についての議論は図5.6のC「観察時点の設定」に，観察研究と面接研究はそれぞれB「変化の定義」とA「変化の再設定」に対応していたのである．

これらの二種の観察者＝発達研究者とケア提供者によって見いだされる「変化」を検討するための，理論的・方法論的整備が必要なのではないだろうか．

顕在的なもの，データとして既に個物化されたもののみから出発し，個物化過程を捨象するのでなく，データ化される過程を含意したデータを，拾い上げていく．
(郡司, 2003)

[川野健治]

■文 献

Birren, J. E., & Warner Schaie, K. (Eds.), (2001). *Handbook of the psychology of aging.* 5th ed. San Diego : Academic Press.
藤永 保 (2000). 発達研究の半世紀 田島信元・西野泰広 (編) 発達研究の技法 福村出版
郡司ペギオ-幸夫 (2003). 私の意識とはなにか 生命理論Ⅱ 哲学書房
原田和宏・斉藤圭介・布元義人・香川幸次郎・中島和夫 (2000). 特別養護老人ホーム介護職員におけるバーンアウト尺度の因子モデルの検討 老年社会科学, **22**, 46-58.
Heine, C.A. (1986). Job stress among nursing home personnel. *Journal of Gerontological Nursing*, **12**, 14-18.
川野健治・矢冨直美・宇良千秋・中谷陽明・巻田ふき (1995). 特別養護老人ホームのバーンアウトと関連するパーソナリティ特性の検討 老年社会科学, **17**, 11-20.
川野健治 (1997). 老人ホーム介護職員の態度内構造 日本社会心理学会第38回大会論文集, 392-393.
川野健治 (2001). 特別養護老人ホームの食事介助場面における行為の協調 行動科学, **39**, 7-20.
川野健治 (2004). サクセスフル・エイジング 児童心理学の進歩, **43**, 206-222.
Kawano, K. (2004). The Dynamics of Intention Constructed by a Family Caregiver for the Elderly. 3rd International Conference on the Dialogical Self.
川野健治 (2005). シークエンス分析――ナラティブアナリシスを中心に 伊藤哲司・能智正博・田中共子 (編) 動きながら識る, 関わりながら考える ナカニシヤ出版 pp. 131-138.
根ヶ山光一・川野健治 (2003). 身体から発達を問う――衣食住のなかのからだとこころ 新曜社
岡本祐子 (1999). 女性の生涯発達とアイデンティティ 北大路書房
岡崎素子 (2000). 要介護高齢者の介護家族に関する研究の動向と課題 日本保健医療行動科学会年報, **15**, 268-285.
鈴木規子・谷口幸一・浅川達人 (2003). 在宅介護者の介護をになう女性介護者の「介護の意味づけ」の構成概念と規定要因の検討 老年社会科学, **26**, 68-77.
Valsiner, J. (2004). Dialogues with personal futures. In A. U. Branco & J. Valsiner (Eds.), *Communication and metacommunication in human development.* Conneticut : Information Age Press. pp. 227-247.
矢冨直美・中谷陽明・巻田ふき (1991). 老人介護スタッフのストレッサー評価尺度の開発 社会老年学, **31**, 49-59.

6. 社会心理学の方法論的問題
──質的データの二段活用

6.1 理論の対立

●社会心理学の危機論争

　学問は相互批判を通じて進展していくとするならば，社会心理学（とくに，その本流と目される実験社会心理学）に対して，「物事の本質をとらえていない」とか，「すべてを単純に因果関係で割り切ろうとしている」といった紋切り型の批判が繰り返されるのは，なぜであろうか．

　今日では旧聞に属するが，そうしたやりとりの中で，いわゆる"社会心理学の危機論争"が起きたのである．論争が始まった当初，その受け皿となった1976年第2巻4号の *Personality & Social Psychology Bulletin* には，論争の当事者であるガーゲン（Gergen, K. J.）やシュレンカー（Schlenker, B. R.）をはじめとする錚々たる論客が投稿し，打打発止の議論が繰り広げられるはずであった．しかしながら，大方の予想に反して，当事者はいたずらに自らの主張を繰り返すにとどまり，さしたる成果をあげることができないままに，論争はいつしか立ち消えとなってしまったのである（三井，1995）．

　今日，改めてその論争を振り返ってみるならば，表舞台での華々しい「社会心理学は，科学（science）足りうるのか」といった学問の根幹部分にかかわる論争の一方で（当時は今以上に，「科学でなければ，学問に値しない」と思われていたのである），裏舞台では，別次元の論争が同時進行していたのである．すなわち，「社会心理学は，社会学なのか，それとも心理学なのか」という学問上の分類にかかわる争いであった．

　「社会心理学は，心理学の一部である」（"心理学的"社会心理学）と公言す

るようになったのは，オルポートが，1921 年に *Journal of Abnormal Psychology* の共同編集者に就任し（その時点で，雑誌名を *Journal of Abnormal Psychology & Social Psychology* に変更），1925 年に再度雑誌名を *Journal of Abnormal & Social Psychology* に変更して以降のことである．そうした心理学者側の一方的な囲い込みにもかかわらず，社会学者の側では，「"社会"と冠する以上，社会心理学は，社会学の一部である」（"社会学的"心理学）と主張し続けてきたのである．

学会や学会誌（ジャーナル），教科書，カリキュラム，知的訓練の方法，さらには大学の所属学部・学科に至るまで，両者の間には微妙な境界線が引かれており，今なお社会心理学者たちは，自らの立場（所属）を明確にするよう踏み絵を強いられているのである（三井，2004）．

◉ **学問上の分類と方法**

この学問上の分類をめぐる対立は，社会心理学の方法論の中に，心理学的アプローチと，社会学的アプローチを並存させ，両者を適宜使い分けることで解消しうるようなものではなく，その解決にあたっては，①社会心理学の宿命ともいうべき，心理学と社会学の二重性（もしくは両者のねじれ現象）をいかに解きほぐしていくのか，といった学問的な営為とともに，②両者の学問上の対立を踏まえた上で，両者の有機的な統合を図る，といった創造的な努力が求められたのである．

もちろん，最初に「社会心理学のあるべき姿」を前面に打ち出して，そのグランド・デザイン（grand design）に従って学問の体系化を図っていくことも考えられるが，研究者の間で"肝心のあるべき姿"についての合意が成り立たない以上，詮もないことである．次善の策としては，「現実の社会問題（social issues）に取り組む中で，心理学的な見方と社会学的な見方が，緩やかな形で結びついていく」といった形で物事を進めていくしか手立てがないように思われる．なぜならば，社会心理学と称する以上，社会問題を避けて通ることはできず（もちろん，何を社会問題とみなすかについては異論もあるが），またその種の問題は，心理学もしくは社会学だけの力で解決できるようなものではないからである（三井，1995）．

◉ **"心理学的"社会心理学内における方法論的対立**

本章で取り上げるのは，いわゆる"心理学的"社会心理学であるが，そこに

おいてもまた,「実験者中心の伝統的社会心理学と被験者の視点を強調する社会構成主義 (social constructionism)」「科学至上主義と人間中心主義」, さらには「量的アプローチと質的アプローチ」といった対立が, 取沙汰されてきた. "対立"と称される以上, 互いに相容れない主義・主張の対立といったイメージを抱くが, 本当に研究者を二分するほどの深刻な対立なのであろうか. それとも便宜上, 相異なる立場をそれぞれ対極において比較・検討するという学問的習慣がもたらした擬似的対立なのであろうか.

もしも本質的な"対立"ではなく, 単なる見解の"相違"にとどまるとするならば, 両者の緩やかな結びつきは可能であろう. 実際に「研究する」ということになると, いろいろなアプローチを併用せざるをえないし, 研究対象や研究目的に合わせて, アプローチの仕方もまた, 変わらざるをえない. 例えば,「自分は社会構成主義に立つから, 数量的データは絶対に認めない」とか, 逆に「伝統的社会心理学の立場をとるから, 質的分析は行わない」と宣言した途端, 自らの手足を縛ってしまうことになるからである.

以下では, 具体的な研究例に即しながら, "心理学的"社会心理学における量的な分析と質的な分析の緩やかな結びつき (すなわち, 質的データの量的分析) に焦点をあてて考察を進めていくことにしたい.

6.2　方法・アプローチの選択

「研究とは何か」と問われたならば,「論文を発表すること」と答えるのが, 今日の研究者であろう. アマチュアの研究者であれば, 発表を義務づけられているわけでもなく, 自分が納得できればそれでよしとするであろう. しかし, 研究者の場合には, それではすまされない. ①学問のルールに則した形での研究成果の公表と, ②他の研究者からの好意的評価が求められる.

最初は単なる思いつきの域を出ないものであってもかまわない. 学問として"本物"になるかどうかは, 先行研究に照らした自らのアイディアのブラッシュ・アップ (brush up) しだいである. すなわち, 先行研究を踏まえることが, 研究を評論ではなく, 研究たらしめるところであり, 学問への第一歩を踏み出すことになる. その上で, 自らの理解を深めるために (多くは「仮説の検証」という形をとるが), 改めて実験や調査を行い, データの分析を通して得

られた「知見（findings）」を論文として第三者に公表し，理解（さらには評価）されなければならない．

そのためには，まず，①研究対象を見極めること（すなわち，テーマを絞り込むこと）である．次は，②データ収集である．時間や労力，費用などを勘案して，何が可能か，不可能かを検討する．実験にするか，調査にするかは，そうした検討の後である．最後は，③集めたデータの分析である．この場合，最初に提示した仮説に基づく分析が本道であり，突然どこからか結論めいたものが飛び出してくるのは，ルール違反である．

6.3 ナラティヴ・アプローチによる質的データの収集

一昔前は人文科学および社会科学系の学問が，「本当に科学足りうるかどうか」の試金石が，実験（的方法）の採用であった．それが実験室実験であれば，独立変数の人為的な操作が可能であり，独立変数の操作を通じて得られた従属変数の変化を条件間で比較することで，因果法則めいたものの立証もまた可能とされてきた．しかも，実験に格別の重きをおく伝統的な社会心理学においては，そのようにして得られた知見は，信頼性・妥当性が高いものと考えられていたのである．

しかしその一方で，実験室実験に対しては，①個人の心理過程の一側面しかとらえていない（大仰なわりに得られることが少ないといったさまつさ）とか，②実験者効果に代表される人為性（さらには，実験協力者をだましたりすることの倫理的問題）が批判されてきたのである．

そうして，実験室実験に飽き足りない研究者たちは，より広い視野を求めて（もしくは，「ありのままの人間の姿」を見いだすために），実験室を飛びだしたのである．いわゆるフィールドスタディである．そしてそこに登場するのが，インタビュー（面接法）であった．

インタビュー方法の分類　　インタビューは，「社会現象の主役は，人であり，そうした当事者の状況認知（語り）が，研究の出発点である」との前提のもとに行われるものであり，質問と回答の自由度により，大きく3つに分けられる．①構造化面接では，全員にあらかじめ決められていた質問が投げかけられる．また質問紙を渡し，何段階かで評定してもらうこともある．②半構造化

面接では，半分程度は用意してきた質問に回答してもらい，残り時間の半分程度は，回答について疑問を感じた点を問うなど臨機応変にやりとりを自由に行う方法である．それに対し，③非構造化面接にあたるナラティヴ・アプローチ（narrative approach）では，まったく指示を与えずに自由に語ってもらい，その語り（narrative）がデータとなる．

面接調査の中でも非構造化面接（すなわち非指示の面接）は，研究対象に対して最も誠実な研究態度である．なぜなら，構造化面接，あるいは半構造化面接の場合，聴き手（面接調査者）が問いかけ，その回答を求めることから，聴き手に主導権があるのに対して，非指示の面接では，面接対象者である語り手（storyteller）に主導権を渡すことになる．主体性をもった語りの中にこそ，語り手の主観的かつ社会的な構築（構成）が見いだされると考えるからである（Berger & Luckman, 1966 ; Burr, 1995）．

研究対象への知的誠実さ　語り手の経験に対する主観的意味づけを聴こうとする姿勢は，研究者の研究対象への知的誠実さの表明にほかならない．研究者は，自身の経験から，あるいは事前の調査を通じて，早くもインタビュー前に，これから聞くことになるであろう物語のプロットをある程度想像してしまう．それは危険なことである．どのように語ってもかまわない，非指示の中で語られた「語り」の内容は，時に研究者の想像の域を超えることがある．

「あらかじめ仮説を立てて，それを検証する」ために行う仮説検証型の研究は，自説（仮説）学問となりうるかどうかの証明が目的である．しかし，仮説検証が科学者の使命であればこそ，「仮説」を吟味する以前の姿勢が問われはしないだろうか．調査対象者に質問を投げかける前に，白紙のキャンバスに当事者の心象風景を描いてもらうことが先決なのではなかろうか．まずは非指示で自由に語ってもらうことで，当事者の世界観（意味世界）を知ることができ，そこではじめて仮説やそれを証明するためには何を質問しなければならないかに思い至るのである．

ナラティヴ・アプローチの目標　ところで，一人の人間の意味世界を知ったところで，それは個性記述にほかならず，一般化もできず，研究としてどれだけの成果を得られるのかといった批判がある．しかしながら，フリックによれば，「非指示型のナラティヴ・アプローチの目標は，理論産出を進める上での中間的段階として，ライフヒストリー的経過のタイポロジー（類型論）を発

展させる」ことにある（Flick, 1995）．同じ喪失を体験した人が，同じ語りの類型をみせたならば，それは一般化可能とみなされる．

例えば，プロ野球球団から戦力外通告を受けた後，コーチやマスメディアにも職を得られず，進路が白紙の状態であった2人の選手に引退の自己物語を非指示で聞いたところ，その語りの構造に多くの類似点が見いだされたのである（篠田，2006）．このことから，引退後の進路を見いだせずにいる選手たちが，どのような不安を抱き，どのような形で引退という現実を受け入れているのか，引退後の進路による類型化が可能となるのである．

● ナラティヴ・アプローチの具体的展開について

以下では，篠田（2003）の元プロ野球選手との面接調査に基づいて，ナラティヴ・アプローチの具体的な展開の仕方を論じていくことにする．

相互作用への配慮　論文の中では，面接者と面接対象者とのかかわりを明らかにすべきことはいうまでもない．例えば，その日の新聞の一面を元プロ野球選手が殺人を犯したニュースが飾っていた場合と，ドラフト会議で指名された新人のニュースが踊っていた日とでは，面接対象者である元プロ野球選手の語りの内容も変わってきてしまう．こうした際立った事件があれば，そうしたことにも言及する必要がある．

また，プロ野球選手であれば，職業柄，マスメディアによるインタビューを受けることに慣れており，「自分が何を言いたいかよりも，相手が何を言わせたがっているのか」を感じ取ってしまう．したがって，面接者はあくまでも「ここでは望ましい回答が存在しない」ことを忘れてはならない．その態度があって初めて面接対象者を"自由"にするからである．

インタビュー以前　さらにいえば，インタビュー以前に注意しなければならないことも多々ある．例えば，①インタビューを行う場所の設定しだいでは，語り手の語り口は緊張を伴ったり，リラックスしたりと変わってくるものである．②時間の設定も重要である．忙しい時間と，仕事が終わって一息ついたところとでは，語りの内容もまた，変わってくることがある．③インタビュー内容の録音は必須であるが，それには面接対象者（語り手）の許可が必要である．しかし，録音機を前にすると，誰でも無意識に肩に力が入ってしまうものである．また録音に関しては，面接時に周囲の騒音をも録音してしまい，肝心の語りがよく聞き取れない，といったハプニングがつきものである．こうし

た予想外のアクシデントも考慮に入れなければならない．

インタビュー以後テクスト化　さて，インタビュー内容を録音し終えたとして，今度は録音をした内容を書き起こし，テクスト（text）を作成しなければならない．書き起こして気がつくのが，「うなずきの多さ」である．

傾聴するとは，うなずくことである．ロジャース（Rogers, C.）のクライエント中心主義の面接における傾聴とは異なり，目指すべき方向性（注1）があってうなずくのではなく，"無知の姿勢"（野口，2002）で面接に臨むことから生じる肯定でもなければ，否定でもないうなずきを，どう表現すべきなのか，大いに迷うところである．「うん」「ええ」「んー」，どれも当たっているようで当たっていない．単に「うん」といっても，「うん？」という疑問の響きや「うーむ」と考え込むようなものもある．うなずきは，非言語コミュニケーション（non-verbal communication）であり，そこから読み取れる情報は，多様である．安易に「うん」と書き起こしてみても，テクストとしてどれだけ，語りを再生したことになるのか，はなはだ疑問である．しかし，ここで投げ出すわけにはいかない．とりあえず，「（うなずき）」と書くよりほかない．マニュアルでは，「録音された語りをデータにするために，テクスト（文書）化する」と1行ですまされるが，それがいかにたいへんなことなのか，うなずきのテクスト化からも推して知るべしである．

注1　クライエント中心主義による面接は，治療目的で行われる．したがって，クライエントが調和，安心を得て語りができるようなうなずき方が，聴き手（listener）には，求められている．

6.4　ナラティヴ（語り）の分析

面接データを文字化し，分析のためのテクストを用意したら，次はこれをどう処理するかである．いったいどのような分析手法で語り手に迫るべきか，思案どころである．

●ナラティヴ分析のさまざまな方法

質的分析の主唱者であるデンジン（Denzin, 1989）は，アプローチの仕方を細かく規定することを好まないが，いま流行のグラウンデッド・セオリー（Grounded Theory; Glaser & Strauss, 1967）では，その手続きにもくわしく言

及しており，初学者にとっては参考となる．また，修正版グラウンデッド・セオリー・アプローチ（木下，1999, 2003）では，日本の文化に合わせて細かく作業手順が示されている．ほかにも PAC 分析（内藤，1997）や，KJ 法（川喜田，1967）など，日本の研究者によって考案された手法も有効である．

●**質的分析と量的分析は相容れないか**

従来の研究では，データの種類が量的なものであれば，それを量的に分析し，質的データであれば，質的分析をするのが常道であった．どちらか一方に決めたら，それで完遂し，両方を同時に使用することはなかったのである．学問的忠誠心の証であろうが，よく考えてみれば，もったいない話である．それほどまでに量的なアプローチと質的アプローチは相容れないものであろうか．

例えば，質的分析法の代表と目され，最も使用頻度の高いグラウンデッド・セオリーであっても，簡単に「質的研究法である」と決めつけられないのである．紹介者の木下（2003）によれば，「グラウンデッド・セオリーの著者の2人は，まったく違う学問的背景をもって，この理論を考案した．グレーザーはマートンの中範囲理論とラザースフェルドの数量的方法論で知られるコロンビア大学社会学部で研究者としての訓練を受けており，一方のストラウスは，地べたをはいずりまわって行われる質的調査と，厳密というにはほど遠い方法論と，それから統合されない形でなされる理論の提示のことを連想させるシカゴ大学社会学部で訓練を受けており，2人で考案したアプローチ法は，一言で質的と言い切ることはできない」のである．

6.5 質的データの量的分析

これまで質的アプローチは，量的アプローチ（実験や調査を含む）に対するアンチ・テーゼとして位置づけられ，独自の研究領域を形成してきた．しかしながら，本章では，「量的分析に対する批判は，改めて質的分析の重要性を再認識させることになったが，そこに安住する限り，新たな展開は期待できない．単なる量的分析の批判にとどまってしまう．その一方で，量的分析は相変わらず研究の中心をなしており，その地位に揺らぎはみられない．批判が批判で終わらないためには，今一度，量的分析への回帰（質的分析から得られたデータの量的分析の試み）が必要である」との立場から，インタビューを通じて

得られた質的データの量的分析を試みることで，質的データの解釈の新たな方向性を探ることにした．

● インタビューにおける"サンプル"の問題

インタビューから得られたデータには，非言語コミュニケーションを含め，面接対象者（語り手）に関する膨大な情報が含まれる．しかし，1回の面接に費やす時間や労力は相当なものであり，サンプル数は自ずと制約されざるをえない．また，対象によっては，始めからサンプルが少ないこともある．そのような場合，どのような分析方法を用いればよいのか．今のところ，「明確な指針はない」のである．

また，仮に多数のサンプルが得られたとしても，それらを単純に比較してよいものか，さらには比較すること自体可能なのか，といった疑問がつきまとう．面接調査では，実験室実験のように，条件を統制することが難しい．複数の面接対象者に対して，できるだけ同様の条件下で面接を行うよう努力したとしても，面接者と面接対象者との間に生じる直接・間接の相互作用がもたらす影響を無視することはできない．またそれぞれの面接状況の微妙な違いが，どうしても語りに影響してしまう．これらを同じ土俵の上で論じてもよいのであろうか．

● 研究例：「プロ野球選手の引退後の進路」

ここでは，具体的な研究例として「プロ野球選手の引退後の進路」を取り上げる（篠田，2003）．プロ野球選手は，野球だけに没頭してきた人たちであるが，その多くは30代前後で引退を余儀なくされる．引退後の姿は，現役中に比べ，まったくといっていいほど知られていない．過去に活躍した選手が，自殺をしたり，殺人を犯したり，悲劇的な結末が大々的に報道されたりすると，「なぜそんなことになってしまったのか」と驚かされる．彼らの引退後の姿は，近年の高齢化社会における退職者の見取図でもある．こうした問題意識から，この研究に取り組むことにした．研究の目的は，次の2点である．①現状を把握すること，そして，②理想的な引退の仕方を見いだすこと，である．

まず現状を明らかにするために，プロ野球選手の引退後の実態調査を行うことにした．実態とは，①引退する選手数，②その後の進路，③彼らの引退に至るまでの野球歴などの量的なデータに基づき，その間の関連性を明らかにすることである．サンプルは，1991～2000年に12球団から引退を発表した計792

表 6.1　1991〜2000 年におけるプロ野球引退選手の進路別人数（合計 792 人）

死亡	コーチ	職員	裏方	アマ野球	マスメディア	白紙	挑戦失敗	異業種
2	98	25	156	23	58	217	44	169

1991〜2000 年に引退した 792 人の進路は以下の 9 つのカテゴリーに分類された（篠田，2004）．「死亡」「コーチ」「球団職員（正社員）」「裏方（例えば用具係，バッティング投手，スカウト，マネージャーなど）」「プロ以外の野球関連の仕事（例えばアマチュアのコーチなど）」「マスメディア（タレント，解説者，評論家など）」「白紙（12 月の退団発表の段階で進路が未定）」「挑戦（メジャーなど目指したが目的を果たせなかった者）」「異業種（退団時に野球とは関連のない職種に就職が決定していた者）」．

人であり，進路の量的分析は問題なく行われた（表 6.1）．

「理想的な引退」とは？　「理想的な引退」をもたらす要因については，先行研究を通じて，経済力，社会的地位，有名性，重要他者，身体能力，アドレナリン，パーソナリティなどなどが指摘されてきた．実際にはこれらの要因の複雑な組み合わせによって，「心の安寧が得られる理想的な引退」がもたらされるのであろう．しかしながら，この「安寧（well-being）」や「幸福（happiness）」といった到達目標は，漠として輪郭をとどめないものである．

そこで，「理想的な引退のあり方」を具体化するために，「望ましい進路」と置き換え，それはいかなる進路なのかを探ることにした．しかし，ここでも大きな問題にぶつかる．つまり，従属変数が「年収 1000 万円以上の進路」といった量的データであれば，統計学的分析も可能であるが，従属変数が「望ましい進路」といった質的なものとなると，分析が難しい．「元プロ野球選手が，自分の引退経験をどのように認識しているのか」，まさに主観的意味を問い，それを解釈し，かつ「望ましいものであるのか，ないのか」を数値化することが必要となる．

語りの解釈と数値化　それでも，「どのように認識しているのか」については，元プロ野球選手にナラティヴ・インタビューを行い，語り（テクスト）を得ることができる．しかし，その語り（テクスト）をどのように解釈し，数値化すればよいのか．

ラバリーらの BALANCE 尺度（british athlete lifestyle assessment needs in career and education scale）は，数ある先行研究の中から引用頻度の高い 13 の論文を取り出し，それぞれの論文が主張する「引退を困難たらしめる要因」を抽出して作成されたものである（Lavallee, D., Golby & Lavalles, R., 2002）（表

表6.2 BALANCE 尺度 (三井・篠田, 2004a)

1. 個人的に引退を決めた
2. 引退時, 自分がただのアスリートにすぎないと思った*
3. すべてのソーシャルサポートのネットワークを失った*
4. 引退以前に, スポーツ以外の分野での移行経験をもつ
5. 引退後もスポーツ関連の活動に参加しつづけている
6. 引退を見越して, スポーツ以外のキャリアを計画していた
7. 現役中はスポーツに集中するため, 他の分野は見ないようにしていた*
8. 引退後も社会的, 経済的ステイタスは保証されている
9. スポーツで培った技術を人生の他の分野で活用することができた
10. 選手として目標はすべて達成することができた
11. スポーツキャリア移行プログラムのサービスを受けることができた
12. 引退のあたらしい意味づけができた

*逆転項目.

6.2).

この尺度に照らせば,「望ましい進路」とは,「心理的困難度が低い進路」と考えられる. そこで, 語られた内容を BALANCE 尺度の各項目に照らし合わせて (ある, なしの2件法), 心理的困難度を測定することにした. 非指示的な面接の中で自由に語られた「テクスト」では, 項目を意識せずに語っているため, 12項目それぞれについての段階評定は難しいが,「言及した」のか「言及しなかった」のかに限れば, 語りの内容から判断可能である.

面接対象者は, 引退後1~5年以内の者が10人である. その進路の内訳は, 引退直後に「コーチ」になった者3人,「球団職員」1人,「裏方」1人,「マスコミ」1人,「白紙 (未定)」1人,「異業種」3人であった. 面接は, 相手が指定した場所で実施し, 約1~3時間にわたる話の内容を録音し, 忠実に文書化したものをテクストとして使用した.

まず, ①引退による困難度の違いをみるために, テクストに基づき, BALANCE 尺度の12項目のそれぞれについて, 肯定的に語られたか否かをチェックすることにした. 彼らの語りは, 12項目について直接問われた回答の結果ではない. ただ自由に語ってもらったにもかかわらず, 全員が12項目すべてについて言及していたのである. その結果は, 12項目のうち「肯定的に語られた項目数が多い者ほど, 引退に伴う困難度が低い者」であった.

回答傾向と進路 次に, ②面接対象者の進路に着目し,「心理的困難度が低い者は, 引退後どのような進路を得た者であるか」をチェックした.

さらに，③クラスター分析を行い，進路別に回答傾向が似ているのかどうかをデンドログラムにまとめた．

上記の②③の分析の結果，(i) BALANCE 尺度の 12 項目について，肯定数の多い者（すなわち，引退に伴う困難度が低い者）の進路は，「マスメディア」や「コーチ」であった（肯定数 2 位の「球団職員」は，肩書き上「球団職員」であるが，実質上は指導者としての教育を受けるため渡米している）．それに対して，困難度が高い者は，「白紙」「異業種」となっていたのである（表6.3）．

また，(ii) クラスター分析の結果，進路ごとに，肯定的（否定的）に語った項目が類似していることが，明らかにされたのである（図 6.1）．すなわち，「裏方」「異業種」「白紙」に進路を得た者の回答パターンは類似傾向を示し，他方，「コーチ」「マスメディア」に進路を得た者の間でも，同様に回答パターンに類似性がみられたのである．

表 6.3 肯定数順の面接対象者の進路（10 人）

進路	マスメディア	コーチ	球団職員	コーチ	コーチ	裏方	異業種	異業種	白紙	白紙
12 項目中肯定数	6	5	5	4	4	3	3	2	2	0

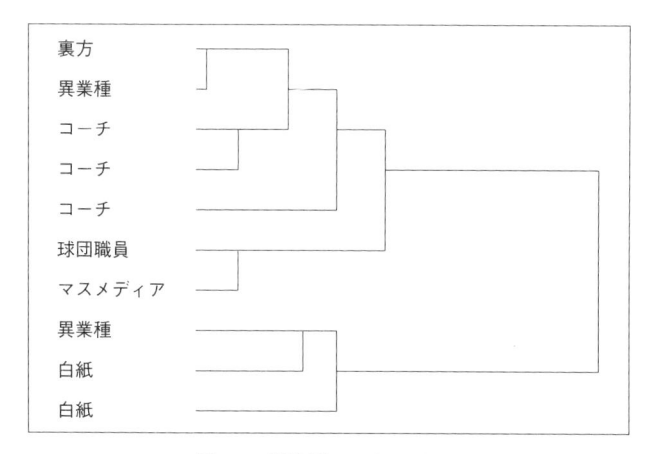

図 6.1 進路別デンドログラム

具体的には,「コーチ」「マスメディア」に進路を得た者たちは,ともに"項目6:引退を見越して,スポーツ以外のキャリアを計画していた","項目10:選手としての目標はすべて達成することができた"と語っており,引退後には,"項目8:引退後も社会的,経済的ステイタスは保証されている""項目9:スポーツで培った技術を活用することができる職業を得た"と認識していたのである(三井・篠田,2004b).

以上をまとめると,①進路によって,引退に伴う心理的困難度に差異がみられること,そして,②心理的困難度が低い「望ましい進路」とは,「コーチ」「マスコミ」といったプロ野球の関連業界にとどまることであった.

6.6　名人芸から作業手続きの標準化へ

インタビューによって得たデータを,量的に分析したことについては,いろいろな批判があるかもしれない.その一方で,質的データを用いた研究については,「信頼性・妥当性や如何に」という難問が待ち受けている.すなわち,解釈方法の信頼性,さらにはそこから得られた知見の妥当性をいかに担保するか,である.

●妥当性の担保

例えば,「多数の研究者に支持され,後続の論文における引用数の多い論文が,妥当性が高い」といいきれるのであろうか.一方,「社会構成主義」に立てば,ナラティヴが「本質」を反映しているのではなく,ナラティヴそれ自体が「現実」を構成していることから(野口,2003),"客観的な妥当性"云々は形容矛盾になってしまう.

質的研究の場合,その妥当性を面接対象者本人に直接確認するということも考えられる.すなわち,面接から得られた結果は,語り手の内容を研究者が解釈したものであるから,その解釈の妥当性を本人の評価に委ねるという論法である.しかしながら,「社会構成主義」では,"人間は変容していくこと"が大前提とされていることから,「面接当時(過去)の本人」の語りについて,「今(現在)の本人」が評価すること自体,あまり意味がない.

異なる質的分析手法を用いたとしても,"必ずや同じ結果が得られる"といった「再現性」の保証はない.それを研究者本人に委ねる(もしくは,研究者

を信用せよ）と開き直るのであれば，もはや名人芸の世界である．また，そうした知的世界を仲間内だけで共有しあうのでは，同人雑誌の世界である．学問と称する以上，「素人であっても，手続きを正しく踏めば，同じ結果が得られる」という再現性の保証が大原則である．逆にいえば，この段階に達してはじめて，学問は"science"となるのである．

　そうであればこそ，質的データの量的分析をタブー視するのではなく，両者の有機的な関連づけが求められるのではなかろうか．

　仮に，インタビューで得られた語りを分厚い記述で塗り固めてみても，研究者はともかくとして，一般の人たちの理解を得ることは難しい．相も変わらず，「それで，結論は？」「結局のところ，何が本当なんですか？」の繰り返しである．そうしたことにまともに答えようとするならば，結果を数字で示すしかないであろう．この点について大橋（2004）は，一般読者を対象とした連載コラム「社会心理学者の視角」を執筆するにあたり，新聞社から「ある感想なり主張なりを展開するにあたって，その根拠を可能な限り実験結果や調査データで裏付けてもらいたい」との注文を受けたという．すなわち，そうした数字の裏付けがあってはじめて社会心理学の知見は，報道に耐えうると判断されたのである．

　もちろん，研究の善し悪しをマスメディアの判断に委ねるといった事態になれば，学問の自滅であろう．しかしながら，マスメディアを端から相手にしないという態度もまた，困り者である．社会心理学は，社会問題の解決（もしくはそうした努力）を通して，当の「社会」との接点を保ってきたことを考えれば，両者がまったくの没交渉というわけにはいかないのである．否応なしに，研究者にも説明責任が求められる時代である．そうしてみると，質的研究と量的研究の緩やかな統合を図ることは，独り学問にとどまらず，社会的要請にも応えることになるのではなかろうか．

[篠田潤子・三井宏隆]

■文　献

Berger, P. L., & Luckman, T.（1966）. *The social construction of reality*. London : Penguin. Doubleday & Company.（山口節郎（訳）（1977）. 日常世界の構成　新曜社）

Burr, V.（1995）. *An introduction to social constructionism*. London : Routledge.（田中一彦（訳）（1997）. 社会的構築主義への招待　川島書店）

Denzin, N. K.（1989）. *Interpretive : Interactionism*. Newbury Park, Calif : Sage.（片桐雅隆・関西現象学的社会学研究会（編訳）（1992）. エピファニーの社会学——解釈的相互作用論

の核心　マグロウヒル)
Flick, U. (1995). *Qualitative forschung*. Reinbek bei Hamburg : Rowohlt Taschenbuch Verlag GmbH. (小田博志・山本則子・春日　常・宮地尚子 (訳) (2002). 質的研究入門——〈人間の科学〉のための方法論　春秋社)
Gergen, K. J. (1997). Who speaks and who responds in the human sciences? *History of the Human Sciences*, **10**, 151–173.
Gergen, K. J. (1999). *An invitation to social construction*. London : Sage. (東村知子 (訳) (2004). あなたへの社会構成主義　ナカニシヤ出版)
Glaser, B. G., & Strauss, A. L. (1967). *The discovery of grounded thoery : Strategies for qualitative research*. Chicago : Aldine. (後藤　隆・大出春江・水野節夫 (訳) (1996). データ対話型理論の発見——調査からいかに理論をうみだすか　新曜社)
川喜田二郎 (1967). 発想法——創造性開発のために　中央公論社
木下康仁 (1999). グラウンデッド・セオリー・アプローチ——質的実証研究の再生　弘文堂
木下康仁 (2003). グラウンデッド・セオリー・アプローチの実践——質的研究への誘い　弘文堂
Lavallee, D., Golby, J., & Lavallee, R. (2002). Coping with retirement from professional sport. In I. Cockerill (Ed.), *Solutions in sport psychology*. London : Thomson. pp. 184–197.
三井宏隆 (1995). レクチャー「社会心理学」I——知のファンダメンタルズ　垣内出版
三井宏隆 (2004). 社会心理学とはどのような学問か　青池慎一・榊　博文 (編著) 現代社会心理学——心理・行動・社会　慶應義塾大学出版会　pp. 1–20.
三井宏隆・篠田潤子 (2004a). スポーツ・テレビ・ファンの心理学　ナカニシヤ出版.
三井宏隆，篠田潤子 (2004b). 元プロ野球選手のキャリア再構築に伴う心理的困難度　日本社会心理学会第45回大会論文集，pp. 514–515.
内藤哲雄 (1997). PAC分析実施法入門　ナカニシヤ出版
野口裕二 (2002). 物語としてのケア——ナラティヴ・アプローチの世界へ　医学書院
野口裕二 (2003). 臨床研究におけるナラティヴ・アプローチ　看護研究, **36** (5), 63–72.
Ogilvie, B., & Taylor, J. (1993). Career termination issues among elite athletes. In R. N. Singer, R. N. Murphy, & L. K. Tennant (Eds.), *Handbook of research on sport psychology*. London : Macmillan. pp. 761–775.
大橋　幸 (2004). 現代日本社会58景——社会心理学の眼で　新曜社
篠田潤子 (2003). プロ野球選手の引退後の進路を分かつ変数 (I) ——監督・コーチ就任のための説明変数　慶應義塾大学院社会学研究科紀要, **56**, 89–97.
篠田潤子 (2006). 引退後のプロ野球選手にみる自己物語——プロ野球選手役割に執着しないための語り　質的心理学研究, **5**, 217–234.
Strauss, A., & Corbin, J. (1990). *Basics of qualitative research : Grounded theory procedures and techniques*. Newbury, Calif : Sage. (南　裕子 (監訳) 操　華子・森岡　崇・志自岐康子・竹崎久美子 (訳) (1999). 質的研究の基礎——グラウンデッド・セオリーの技法と手順　医学書院

7. Think Globally, Act Locally !
——臨床心理学における地域実践の方法論に向けて

7.1　はじめに：実践の方法論について考える

◉実践のための方法論

　本書の各所でも論じられていることであろうが，どのようにして実践と研究の対話を進め，統合を目指すかについて考えることは，今日の心理学においてたいへんホットな課題である．とりわけ，臨床心理学においては，臨床心理士の資格認定制度が設立されたことを手始めに，指定大学院制度のもとで，大学院で学ぶべき臨床心理学のカリキュラムが整理・規定されるに至っている．さらに，この時流に乗って，大量の臨床心理士が大学のポストに就くことになった．こうした経緯によって，その功罪とジレンマは別にして，大学のアカデミックな研究と教育の枠組みに理解・受容されるような臨床心理学の研究方法論をいかに確立するかが緊要の課題となったのは，自然な成り行きであろう．

　下山（2000a, 2000b）がわが国初の臨床心理学の研究方法論に関する書物を提出し，その中で，モデル構成を目指す記述を中心とした「実践を通しての研究」とモデル検討を目指す評価研究を中心とした「実践に関する研究」の循環を通して，実践性と科学性の統合を目指す研究法の図式を提示した．これを皮切りに，『臨床心理学』誌（2001, 2002）でも研究方法論に関する特集が組まれるなど，にわかに実践と研究の統合についての議論が活発となっている．

　質のよい実践とは何か　こうした大きな流れが今後どのように進もうとも，臨床心理学にとって生命線となるのは，いうまでもなく，質のよい心理臨床の実践を行うことである．この"質のよさ"とは，アカデミックな研究に結びつきやすい実践や，その成果や有効性を客観的に評価しやすいような実践と

は異なる次元のものである．もちろん，結果として研究にのりやすい実践については，客観的で実証的な検証にのせて実践の成果や有効性を明らかにしていけばよいし，質的研究にも耐えられるような記述のあり方について検討していくことも必要である．さまざまなタイプの実践について客観的で実証的な検証を行うことを可能にする研究方法論の探求も重要であろう．このような実証的な方法論を通して，自分の実践を反省し研鑽する勇気と，社会からの評価を高めていく努力は今後も必要である．

しかし，少しでも普遍的で客観的な方法論により品質が保証されている技法やサービスをクライエントに提供することがよい実践なのだという，実証的な観点からの主張に対しては容易に首肯できないものを感じる．たしかに，実証性に基づいて実践の技法やかかわりを選択しようとする方向性は，ある種の安心感と利便性をクライエントに提供することに貢献するかもしれない．しかしながら，それは，"この"クライエントらしさや，"この"場所ならではという性質を超えて一定の品質が提供される普遍的という安心感や，限局した問題だけに焦点づけて取り扱われるどこかドライで煩わしさのない客観的という利便性であるように筆者には映る．それは，ファストフードやコンビニエンスストアがわれわれに与える安心感や利便性とどこか似ていないだろうか．

筆者が本章で取り上げたい心理臨床実践における"質"とは，目の前にいる"この"クライエントが求め，必要とする依頼に対して，どのようにして現実的に，効果的に応えていくかということである．そうだとするならば，場を超えた普遍性や客観性を基準にしてよりよい技法やかかわり方を選択するという考え方だけでは不十分であることがわかる．むしろ，場を等質なものとせず，"この固有の"場の中で発想される現実的で効果的な実践のアイディアこそ重要なのである．

時と所に適う実践の方法論　村瀬は早くからクライエントの生活を視野に入れて考え，実践することの大切さを一貫して主張してきた実践家の一人である．彼女は次のように述べている．

> 人のこころのあり方は，その個人の時間的流れ（時間軸，過去，現在，未来へと向かう）と空間的繋がり（空間軸，人やこと，ものとの繋がり）の交差する接点によって規定されている．したがって，ある心の現象に焦点づけて，人を理解しようとする場合，焦点に瞳を凝らしながらも，焦点の周りの空間的そ

して時間的繋がりや広がりを視野に入れていることが，その焦点の特質の理解をより的確なものにする，といえよう． (村瀬，2004)

村瀬は「生活」や「自然」をキーワードとしながら，「時と所に叶う支えを治療過程に応じて用意していく」(村瀬，1995) という発想から，治療者と家庭・学校との関係のもち方，さまざまな機関との連携，地域でのネットワーク作り，ボランティアや治療者的家庭教師の導入，動植物の導入など生活の中でクライエントを支えるセラピスト以外の治療的要因に注目している．

筆者自身も心理療法のトレーニングを受ける中で次のような体験を繰り返し実感してきた．その一人の人に視点をおいてかかわり続けると，その人の個人心理だけでなく，セラピストとしての筆者とクライエントとしてのその人とのかかわりも含めた，さまざまな人とのかかわりが少しずつ視野に収まるようになる．すると，ほどなく，その人のみならず，その人とのさまざまなかかわりを抱え支える場やコンテキストというものも徐々に視野に入ってくるようになる．そうしてはじめて，その人の主観体験の意味を理解することが可能になり，ようやくわれわれはどのようにクライエントに応えることができるかがみえてくるようになるのである．

本章では，"時と所に適う支えを用意していく"実践の方法論について考えていくことにしたい．

●臨床心理学的地域援助とコミュニティ心理学

臨床心理士の活動の広がりと臨床心理学的地域援助　　この20年ほどの間に，学校現場，被災や被害の現場，子育ての場，高齢者介護の場など，臨床心理士の活動は急速にその範囲を拡大し，アセスメントと心理面接といった従来の臨床心理士の活動の枠組みの中には，あるいは面接室の場には収まりきらなくなった．

こうした臨床心理士の活動範囲の急速な拡大に対して，「社会的要請があるからと伝統的個人心理臨床の発想のまま取り組もうとしている」(山本，2002)，「必要に駆られて次々と動いているうちに，臨床心理士としてのアイデンティティが不確かになる」(三沢，2004) などの反省・批判が生まれ，新しい心理臨床の発想が求められている．

面接室の外へと広がりをみせる実践は，「臨床心理学的地域援助」と呼ばれ，

臨床心理士の専門領域の一分野として位置づけられている．臨床心理学的地域援助とは「地域社会で生活を営んでいる人々の，心の問題の発生予防，心の支援，社会能力の向上，その人々が生活している心理的・社会的環境の調整，心に関する情報の提供等を行う臨床心理学的行為」（山本，2002）と定義され，主に個人を対象とした臨床心理面接とは一線を画する活動とみなされている．

コミュニティ心理学　　この臨床心理学的地域援助の定義や位置づけの理論的な根拠を提供しているのが，コミュニティ心理学である（山本，1986）．個人が抱える病理や困難の原因や問題を個人内に焦点づけて，その個人の行動・認知・表象の修正や変革を求める従来の伝統的な観点に対して，コミュニティ心理学は，個人の生きにくさを生活環境や社会システムなどの支えの不十分さとの関連でとらえることで，実践の視野を広げることに貢献した．また，技法に関しても，病理や困難をもつ個人に直接的に働きかけるアプローチとともに，コンサルテーションやコラボレーションといわれるような専門家どうしの協働体制の重要性を示した．

　コミュニティ心理学は，このように，臨床心理士が面接室を飛び出して活動を行う際の革新的な実践上の方法論を提供しており，その内容は魅力的である．とくに，コミュニティ心理学の立場から山本（2002）は，臨床心理学的地域援助のもつべき理念の第1に「コミュニティ感覚を持つこと」をあげ，「援助者になる側も被援助者になる側も地域社会の一員なのだという感覚を大事にすること」「このコミュニティの中で共に生き，共に生活しているのだという感覚を大切にすること」を強調している点に注目したい．

　しかしながら，同時に，コミュニティ心理学について，「土地や場所の地域性や風土・雰囲気を活かすという発想は必ずしも主流ではない」（中田，2005）と指摘する者もいる．山本自身も臨床心理士のコミュニティ感覚の欠如を問題視しており（山本，2002），コミュニティ感覚を具体化する実践においてはまだ課題が多い．

◉心理臨床の実践に求められるローカルな観点

生活の場を意識した実践　　心理臨床の実践の"質"を問うときにも，また実践の場の拡大とともに求められる理念としても，クライエントの生活を視野にとらえて，時と所に適う支えをクライエントからの依頼に応じて用意するという発想をもつことが重要であることを指摘した．そして，そのためにはクラ

イエントも臨床心理士自身も同じ生活の場を共有することの自覚から実践を検討することが求められることを論じてきた．

心理臨床実践を研究する上のジレンマ　以上の観点は重要であると認識されながらも，従来の臨床心理学の実践の方法論に関する議論として十分に取り上げられてきたとはいえない．その理由の1つとして，心理臨床の実践を研究し，他と共有しようとする際に生じるジレンマがあげられる．

臨床心理学では，一方ではクライエントにとっての固有の意味や主観体験を大切にし，重視する立場をとりながら，もう一方ではそうした実践について他の臨床心理士などの実践家や研究者と議論し共有するために，ある程度の公共性と普遍性も求めなければならないという事情がある．

こうした課題の解決法として，1つは面接室という非日常的で閉じた一種の実験室的構造を用意して，クライエントの特定の行動や表象や相互作用の変化，またそれらに影響を与える臨床心理士の態度・姿勢，さらにはクライエントとのかかわりのあり方をみつめていくやり方があげられる．古典的な精神分析療法における寝椅子の使用と，いわゆる基本原則の遵守，それに中立性などの技法はその典型ともいえるだろう．もう1つの方法としては，実践の多様なあり方を包括する必要から，抽象度が高い概念や用語や技法を用いるということである．

しかし，これらの解決方法は，そのクライエント自身やそのクライエントの提示する問題の性質の背後にある生活とのかかわりを遠ざけてしまう危険をはらんでいる．つまり，面接室の中での臨床心理士とクライエントという関係でクライエントをみることに慣れてしまえば，クライエントを生活者として，しかも自分もクライエントと同じ生活者として理解しようとする感覚が薄れていく危険がある．同じく，安易に概念・用語や技法を使用することが，内包する意味や具体を生き生きと思い浮かべることや，クライエントの特徴を浮かびあがらせる生活の場を想像してみることを阻害してしまうおそれを生じさせる．

このように，クライエントの固有の意味を把握し，他と共有しようとする努力が，かえって生活の中からクライエントを理解し，生活の中からクライエントを支える視点を薄れさせてしまうというジレンマが起こるのである．

ローカルな観点　以上のような問題意識から，その場所，その土地の中でクライエントの依頼やクライエントにとって必要なものを柔軟に用意するとい

う観点から発想される実践というものを考えていきたい．この観点を，ローカルな観点と呼ぶことにする．

ローカル（local）とは，「その土地の，その場所の」を意味する形容詞である．コミュニティ心理学におけるコミュニティは，アプローチする対象を意味するのに対して，ローカルな観点とは時と所に適う支えをクライエントからの依頼に応じて用意するという意味での実践の発想ないしは方法を指すことばとして用いたい．

この観点をもつことは，臨床心理士とクライエントのおかれている場の中で生じるさまざまな制約や文脈を考慮して，今どのように振る舞うかを発想していくことへの関心を意味している．したがって，ローカルな観点の対象は，コミュニティに限定されることはないのである．

以下に，まずは筆者自身の実践を紹介し，続いて主に子育て支援の領域で，臨床心理士に先んじてクリエイティブな実践活動を地域で展開している人々へのインタビュー調査を検討することを通して，ローカルな実践の進め方の特徴を素描してみたい．そして，最後にローカルな観点を臨床心理の実践に持ち込むことは，どのような臨床心理学的な理念につながるのかを検討したい．

7.2　あるローカルな実践

まず，筆者自身が北海道岩見沢市において実践している心理臨床活動を紹介したい．表7.1は，筆者がこの町で実践している主な活動の場を列挙したものである．以下に述べるように大学内に開設した心理相談室が中核となり，必要に迫られて動いている間にその活動内容は多岐に広がりをもつようになってし

表7.1　岩見沢市での主な実践・活動の場

- 心理相談室「子どもの教育と心理相談室」（地域住民を対象として大学内に開設）
- フリースペース「IPCユリーカ」（フリースクールと月に1回催される「語らいの集い」を中心とした活動）
- ISV（Iwamizawa Sport Verein：岩見沢スポーツクラブの略．大学体育館を開放して家族でスポーツを楽しむ場）
- ボランティアグループへの協力・連携
  グロウ（地元高校出身の大学生を中心とした子ども支援のボランティアグループ）
  FAN（野外活動・冒険教育に関心をもつ若者のグループ）

まった．

　今，振り返ってみるならば，この実践はクライエントが求め，必要としていることにどのように現実的に応えるかということと，筆者自身もその場所で，その土地で生活する，同じ時間と空間を共有する当事者として何ができるか，ということを，臨床心理士という役割の自覚の中でなんとかして統合しようとする挑戦の過程でもあった．以下にその雰囲気が少しでも伝えられるよう記述を試みてみたい．

◉町に住み，相談室を開設する

　岩見沢市は人口8万数千人の支庁所在地である．米や玉葱などの農作物を中心とした農業地域であり，北海道有数の豪雪地帯でもある．筆者はこの町に住み，この町にある小さな教育大学に勤めて10年ほどになる．

　町の中の小さな相談室　　大学の理解と協力を得て，1999年に地域住民を対象とした心理相談室を大学内に開設し，腰を据えて地域の中で心理臨床活動を行う機会に恵まれた．この心理相談室では，大学院生や大学院修了後臨床心理士となった研修生らの協力を得ながら，主に児童期・思春期の子どもとその家族の個人心理療法，親ガイダンス，それに教師とのコンサルテーションを活動の中核としている．

　人口8万数千人という町のサイズは，出会った人どうしが，互いに共通の知り合いを見いだすことにそれほど苦労しない大きさである．古くから農業と炭坑で発展と衰退の歴史をもち，厳しい自然とともに暮らす岩見沢市は，個人よりも仲間の一体感をまだ残す土地柄でもある．

　このことを実感したのは，相談室を開設してみて良い評判も悪い評判も「口コミ」で広がることに気づいたときであった．したがって，大学内にある相談室についても，積極的に外部に宣伝する必要はなく，相談室の成果は来談者数という形で明確にフィードバックされる．そのため，常に緊張感をもって実践を行うことができるのであった．ちなみに相談室開設から7年が経ち，この5年のあいだ，年間約50組前後の子どもと家族が来談し，相談面接回数は延べ500〜600回の間で推移している．

　地域実践に向かう問題意識のめばえ　　来談する子どもたち，そして彼らを支える保護者や教師の話に耳を傾ける中で，この地域の教育にかかわる環境が抱える課題が，徐々に筆者の問題意識となって立ちあらわれてくるようになっ

た．

　この町には公立小学校と中学校がそれぞれ12校と7校あり，高校は公立4校と私立が1校ある．中学校で学力不振や不適応になり，登校意欲を失っている子どもは，交通事情の悪い市外にある遠方の高校に進学しなければならないという矛盾を経験することになる．

　市内には相当数の不登校の子どもがいるが，大都市のように民間のフリースクールやサポート校などはなく，市教育委員会による適応指導教室があるのみである．この適応指導教室は学習指導を中心としたもので，小中学校で校長を勤めた後に退職した教諭経験者2人が勤務しているが，年間を通して通室する児童生徒が数名程度と非常に少ない状況であった．その他，カウンセリングや心理療法を実施する相談機関は，大学の心理相談室のほかに，児童相談所のみであり，教育相談センターのような教育分野の相談機関は存在しない．さらに，中学卒業後の子どもたちの支援の場がないというのも，この町が抱える課題であった．

⦿**フリースペースの開設**

　地域がクライエント　　相談室でのクライエントの相談に応じながら，筆者の中で生じてきた教育環境についての問題意識は，地域というクライエントからの依頼であるというように理解された．そこで筆者は2001年4月に大学の近くにある築30年の一軒家を借り，大学生や大学院生，それに地域の有志とともに，1カ月をかけて内装工事を行い，2001年5月から"IPCユリーカ"というフリースペースを開設した．

　このIPCユリーカの紹介は平野（2006a）とホームページ（http://www.ne.jp/asahi/ipceureka/iwamizawa/）に詳しいので，ここでは開設にあたっての発想が臨床心理学的なそれにあることと，その具体化としての活動内容を紹介する．

　地域での学び育ちの2つの機能と課題　　まず，学校教育とは異なる立場から，地域での学びや育ちの空間としてのフリースペースを始めるにあたって次の2つの機能と課題を設定することにした．

　第1の機能は，安心感を提供する居場所としての，セキュア・ベース機能である．そこでの課題は「自分から動いてみる，言ってみる，やってみる気持ちになる雰囲気をどのように作るか」ということである．第2の機能は，こうし

た動いてみたい，言ってみたい，やってみたいという思いに形や方向を提供することすなわちポテンシャル・スペース機能である．ここでの課題は「主体的な思いや求めは予想がつかないものである．この思いに応答し，応援する環境側の懐の深さをいかにこのフリースペースにもたせることができるか」ということである．こうした発想は，筆者が実践してきたプレイセラピーをはじめとした個人心理療法から学んだこと，「環境論」と呼ばれる精神分析学の概念を発想のヒントとしている（平野，2006b）．

ユリーカの活動内容　ユリーカは原則として小中学校の春・夏・冬休みにあたる期間をのぞく月曜から金曜の 10 ～ 15 時を開室時間とし，部屋の管理を担当する主（ぬし）と呼ばれるボランティア・スタッフがユリーカに訪れる人々を迎えることになっている．このスタッフは，筆者の勤める大学や近郊の大学で心理・教育・福祉を学ぶ大学生や大学院生のほか，70 歳代のおじいちゃん，おばあちゃん，会社を経営するキャリアウーマン，就職先や進路を模索中の青年，専業主婦など多様な人々から構成される．こうした機能を具体化するため，この 5 年間の活動で徐々に以下のような内容を整えてきた．

フリースクール部門：柱となる活動の 1 つはフリースクール部門である．ユリーカ開設後ほどなく，さまざまな事情で学校に通うことに困難や戸惑いを感じる子どもたちが「居場所」を求めて通ってくるようになった．そこで，北海道教育委員会，岩見沢市教育委員会や近隣の学校に働きかけを行い，現在では多くの理解と協力を得て，ユリーカはフリースクールとして認知されるようになった．

ユリーカを居場所として用いる子どもは不登校のケースばかりではなく，週に数日をユリーカで過ごし，残りの日は登校している子どももいる．また，高校を中退していたり，通信制や定時制の高校に所属したりしながら，ユリーカに通う者たちもいる．年間延べ 700 ～ 800 人ほどの子どもが通っている（図7.1）．

このフリースクール部門で最も力を入れて実施しているのは，1 人 200 円以内の予算でスタッフとメンバーが協力して作る昼食である．それ以外の活動については，基本的に子どもたちの自主性に任せて学習や活動のサポートをしている．さらに，メンバーや，その時々に入れ替わるボランティアスタッフの個性や特技や趣味を生かして，また近隣の自然環境や施設を利用して，さまざま

な行事やイベントを実施している．

例えば，原生林の散策や，大学の体育館でのスポーツ，公園内にある茶室を借りて茶道体験，地域の夏祭りで出店しての労働体験，近隣の主婦の指導で漬け物作りなどである．

語らいの集い部門：もう1つの柱となる活動は「語らいの集い」部門であり，月に1回，金曜日の夜に実施される，肴（さかな）と呼ばれるゲストの話と参加者が持ち寄る食べ物，飲み物を囲んで交流する"宴会"である．フリースクールがセキュア・ベース機能から派生した活動であるのに対して，「語らいの集い」はポテンシャル・スペース機能を育む活動であると位置づけられ

図 7.1　ユリーカの日常風景

図 7.2　語らいの集いの風景

る．

　この集いには，大学教員，さまざまな大学の学生，各種学校の教諭，市役所の職員，新聞記者，青年会議所のメンバー，主婦，会社員，詩人，市議会議員，農業従事者，フリーターなど実にさまざまな肩書きをもった人々が訪れ，ユリーカを支える「ポテンシャリティ」となっている．また，金曜日の夜に開くことで，子どもも親もこの集いに参加することができるので，家族での参加も多く，子ども同士，家族同士での交流の機会にもなっている（図7.2）.

　メーリングリストやホームページによる広報活動　そのほかにも，ユリーカをサポートする人たちには，ユリーカのメーリングリストへの参加を呼びかけ，ユリーカの活動の報告や地域や大学で行われる各種イベントの紹介を行っている．メーリングリストには現在120名ほどが登録されている．

　また，広報活動としてホームページを作成し，フリースクールの活動や語らいの集いの報告を掲載するほかに，ユリーカの運営を資金面で支える賛助会員も募集している．会員にはニューズレター「ユリーカ通信」を配布している．

　主宰者の役割　このユリーカの主宰者としての筆者の主な役割は，「こんなことをしてみたい」という個々の子どもや大人の声を，それを応援する地域の人々に伝えて結びつける役割である．

　例えば，フリースクール部門において高校受験のために受験面接の練習をしてほしいという中3の子どもたちの声を筆者が受け取り，「語らいの集い」やメーリングリストを通して呼びかけをした．すると，現職教諭がそれに応えて協力をしてくれ，これが教師不信・学校不信で不登校となっていた子どもにとって1つの修正体験となった．

　また，語らいの集いで，自主上映でしか観ることのできない映画の鑑賞会を岩見沢でやるのが夢，という肴（ゲスト）の話から，皆でこの映画の上映会を実現させたり，ある大学生が所属するボランティアサークルで日韓の高校生の交流の企画への協力を「語らいの集い」で募り，会場の1つとしてもユリーカを提供したことなどもあった．このように，ユリーカは，思いを語る人とそれを応援する人との出会いのドラマを通して，この町に住む人たちの主体性や自発性を促す環境作りを試みる場となっている．

●**体育学の教員との協働，ボランティア活動への応援**

　次にあげる多様な活動も，上に述べてきたユリーカの活動の中で出会った

人々を巻き込んだり，反対に巻き込まれたりすることで生まれたものである．

まず，総合型地域スポーツクラブを作ろうという同僚の体育学教員の発案に筆者と養護学校教諭が協力する形で「ISV（Iwamizawa Sport Verein：岩見沢スポーツクラブ）」を立ち上げた．「100年後にはヨーロッパのクラブチームのようになって，老若男女を問わず生涯を通じてスポーツを楽しむことができる場所を目指そう！」を合いことばに，週末に大学の体育館やグラウンドの開放を行っている．身体を動かすことは好きだけど，スポーツとなると萎縮しがちな子どもたちも家族とともにいろいろなスポーツを楽しむ場となるよう活動を行っている．

また，地元の高校を卒業した大学生を中心とするボランティア集団「グロウ」に，高校教諭と地元の精神科医師とともに筆者も顧問として協力をしている．彼らには，ユリーカの放課後にメンバーの子どもたちの学習をサポートしてもらったり，筆者の相談室に通う子どもたちのメンタルフレンドになってもらっている．

もう1つ，キャンプを中心とした野外活動や冒険教育などに関心をもつ若者たちのグループ「FAN」と協同して，生徒やPTAを対象とした講演や研修会で体験活動を実施したり，アドベンチャー・スクールと称して月に1回，木登りやネイチャーアートなどの体験活動を子どもたちに教える彼らの活動をサポートしている．

このほかにも，保健師やことばの教室の教諭，ケアマネージャーなどの事例検討会や研修会への協力を通して，ポテンシャル・スペースにつながるネットワーク作りを行っている．

●実践から与えられた課題：地域実践と臨床心理学をつなぐもの

地域実践が与える戸惑いをヒントに　すでに述べてきたとおり，その時や所に適う支えをクライエントの必要や求めに応じて用意していくというローカルな観点にそって実践を行ってきた結果が，自然とこうした地域実践の形を取るようになったわけである．しかし，こうした実践について臨床心理士や臨床心理学を学ぶ学生や院生に伝えると，彼らの多くは最初，戸惑いや混乱や葛藤で反応しがちである．

彼らとの議論を通じてわかってきたことは，臨床心理学の実践・研究・教育・訓練は，心理療法のような操作され，抽象化された場で，症状や病理とい

う限局された問題や困難に対して，行動であれ表象であれ個人内の変容に焦点づけて掘り下げていくアプローチをとらねばならないと暗黙裏に考えているということであった．

臨床心理士のアイデンティティを問い直す　実際，筆者自身も岩見沢市での実践を展開していくうちに，臨床心理学の学徒として，臨床心理士としてのアイデンティティとはなんなのか，わからなくなることが何度もあった．例えば，雪が降った朝に，フリースペースの前でひとり除雪作業をしているとき，フリースクールのメンバーたちの労働体験として始めた夏祭りの屋台で黙々と焼き鳥を焼いているとき，語らいの集いで参集してくれた地域の人たちと酒を酌み交わしているときなど，いったい自分は何者なのかと何度も自問することがあった．

揺り動かされる臨床心理士としてのアイデンティティの中で，例えば，心理相談室で心理療法をするのが自分の仕事であると，あらかじめ自分の実践を臨床心理士としての1つの役割や方法の中に限定し，他の活動は「臨床心理士とは別のもの」と考えようと思うときもあった．その方が潔くスマートであると感じることもあった．

しかし，そこで自分を落ち着けようとすると，それでは結局依頼される問題よりも先に方法や理論があることにはなりはしないか，ともう1つ別の問題意識が浮かんでくる．あるクライエントの求めや必要に応じて，心理相談室での役割に徹することもできれば，クライエントの生活の周囲にある資源を必要に応じてアレンジすることもできる，そんな柔軟さと自由さをもった活動が，臨床心理士の実践の可能性をさらに広げてくれるはずである．

臨床心理士である筆者を含む，そのクライエントをとりまく環境を広くグローバルに見渡して，教条的にならずに，心理相談室での心理療法からフリースペースでの除雪作業や焼き鳥を焼くことまで，あくまで柔軟にその時と所に適った支えとなるようローカルな活動を行う．そうした地域での実践と臨床心理学をつなぐ，軸となるものはなんなのか．

7.3　実践の多様性と共通性：方法論に向けて

◉子育て支援の実践家を対象とした実地調査

　ようやく岩見沢市での地域実践が形をなして，自分の実践の輪郭を語ることができるようになったところで，この数年，上に述べてきたような問いや，自分の実践の体験と気づきを他の実践者との間で検討する作業の必要を感じてきた．

　ちょうど時期を同じくして，臨床心理学を今一度，ナマの実践の側からとらえ直そうという理念を共有する村山正治，中田行重，下川昭夫，串崎真志らと出会い，彼らの「地域実践心理学」の研究グループに加わる幸運を得た．筆者は，この研究グループの中で，主に子育て支援の領域で，自身が生活する地域をフィールドにして創造的な活動を展開している実践家のところに行き，実地調査を行うことにした（平野ら，2007）（注1）．

　注1　この調査に関しては，独立行政法人日本学術振興会の科学研究費（17330148）の助成を得た．

　実践の方法論にかかわって，実践家たちへの非公式のヒアリングも含めたパイロット調査から得られた知見や課題を次の観点から述べることにする．①地域実践への参入の方法について：地域実践を始めた契機やそのためにまず何から始めたかなどを通して，地域実践の入り口の多様性を明らかにすること．②地域実践の展開について：地域とのかかわりや人との出会いの中で，実践活動は修正されていくと考えられるが，それはどのようなスタイルをとるのか？　いわゆる仮説検証モデルで説明できるのか？　③臨床心理学の専門性，技法，経験と地域実践の関係について：それらはどう活かしうるのか？

◉地域実践の開始の経緯と参入の方法

　地域実践を始めるきっかけ　地域実践を始める経緯，つまり地域実践に向かうきっかけには，2つの契機があるようだ．1つの契機は，他者からの声である．それは例えば，面接の中でのクライエントの訴えであったり，電話相談で繰り返し語られることばであるかもしれない．しかし，これのみで，創造的で精力的な実践活動が開始されることはなく，もう1つの契機が重なり合うことが，実践へと踏み出す推進力になることが推察された．

7.3 実践の多様性と共通性：方法論に向けて

そのもう1つの契機とは，実践家自身のプライベートでリアルな生活体験である．例えば，臨床心理士における子育て支援で中心的な存在である三沢（2004）も，「自らが親になったときに，はじめて母親がおかれている孤立した状況に直面し，この状態こそ様々な問題を生む原因となっていたのではないか，と考えるようになった」ことが子育て支援にかかわることを始めたきっかけと述べている．

地域実践に入る切り口　地域実践に入る切り口は実にさまざまである．筆者のように直接子どもや親などとかかわるところから入るケースもあれば，行政などと交渉し，組織を管理するマネージャーとしての役割から入るケースもある．

スターンは，乳児-母親心理療法において，多様なアプローチ（例えば，親の養育体験などの過去，親子の明示されている相互作用，乳児の行動の発達，セラピストとの関係の中に現れる親の表象，両親と子ども，あるいは家族全体のシステムなど）の介入がそれぞれに結果としては同じような効果をもたらすことを明らかにした（Stern, 1995）．そして，こうしたアプローチは，どれが最も大事であり優先であるのかというものではなく，結局は乳児と母親の関係性に介入するそれぞれの入り口（通関港 = ports of entry）とみなされるとした．

地域実践に参入する場合においても，この通関港 = ports of entry のたとえが役立つことだろう．つまり，あらゆる問題をカヴァーするような単一の方略は存在せず，それぞれのおかれている地域の状況や，実践家の個性や技術，経済的，教育的背景などの中で参入の切り口が規定されるのであり，それでよいのである．今後の研究においては，多様に存在すると考えられる地域実践の入り口をどのように分類，整理することができるかが1つの方向性として考えられる．

●地域実践の展開

非直線的で非漸進的な展開過程　大きな流れで実践の展開を尋ねていくと，多くの地域実践は直線的に計画的に進むことはほとんどないようである．"とりあえず"一軒家を借りてみる，"思い切って"仕事と並行して（あるいは仕事を辞めて）始めてみる，"やみくもに"市役所などの行政窓口に足繁く通ってみる，"後先考えず"すでに実践を展開しているところに修業に行ってみ

るなど，かなり"行き当たりばったり"な活動から実践が開始される．さらに，環境的，経済的，能力的な制約によって活動の方向変更や断念を余儀なくされたり，実践活動の中での人々の出会いや新たに生じる課題によって，活動が大きく前進したり，後退する場面が生じるケースが多い．

例えば，"行き当たりばったり"に活動を進めてきて，大きな壁に当たり途方に暮れているところで，協力を申し出てくる人物が現れ，実践活動がさらに活性化されるというような場面が，しばしば実践家から語られる．このようなダイナミックなプロセスは，アセスメントをして暫定的な仮説をもって対象にかかわり，その中で微調整をしながら，さらにかかわりを続けていくという，漸進的な仮説検証過程のモデルでは説明しきれない．

こうしたいわば"偶然の出会い"や"思わぬアクシデント"によって，実践の展開が左右され，むしろこうしたアクシデントを期待することさえあるような地域実践の方法論を，どのようにモデル化していくかは，なかなか興味深い研究課題である．

実践の進行モデルを模索する　　仮説検証とは異なる非直線的で非漸進的な実践の進行モデルを模索することは，個人心理療法の実践を考える上でも大いに役立つ．

例えば，スターンらの Process of Change Study Group（1998a, 1998b）は，心理療法において個人の変化を引き起こす，解釈とは"別の何か"を記述することを課題とした研究を行っている．そして彼らは，個人の変化を引き起こす要因として間主観的なかかわりの領域で生じる出会いの瞬間（moment of meeting）を取り上げ，その非線形的な振る舞いを力学系システム（dynamic systems model）を援用して記述しようと試みている．

こうした探索的な研究にも刺激を受けながら，地域における実践の進行モデルを模索することが今後できるであろう．

●**臨床心理学の専門的な知識や技術は有効か？**

専門性は相対化される　　地域での実践家たちの活動内容と並行して，実践にかかわる彼らの態度やアプローチを見聞すると，臨床心理士として学んできた専門的な知識，技法，態度は，絶対的なものにはなりえないことを実感する．

個人心理療法で求められる臨床心理士のかかわりのあり方を，面接室の外で

用いようとすると，その意図するところを必ずしも反映せず，むしろ意図するところと反することさえ生じることがある．

例えば，実践家としてクライエントから信頼されるということを考えてみたい．個人心理療法においては，クライエントの訴えや症状や問題に対して，客観的であり，中立的であることや，面接室以外でのかかわりをもたないというような原則が，クライエントに安心感を与え，臨床心理士との信頼関係に貢献することをわれわれは学んできた．

これに対して，フリースペースでの実践のように，より日常生活に近いところでの活動では，当然のことながら，積極的に話しかけたり，相手の肩をもったり，自分自身の体験を打ち明けたり，必要と思うことに対して実際に行動をともにすることをいとわないといった，ある種の「普通さ」（平野，2006a）が，利用者や協力者の安心感や彼らとの信頼関係に役立つことが多いのである．

親ガイダンスや親乳児精神保健の例　心理療法で学んできた技法や経験を絶対視しないという姿勢は，親と子どもの関係性への介入を目的とする親ガイダンスや親乳児精神保健において明確になっている．こうした親支援が重要とされる領域では，従来の心理療法で訓練されてきた中立性を基礎とした作業同盟よりも，「両親どちらの肩も持つ」（皆川，1993）など，ポジティブな保証を提供しクライエントに寄り添うアプローチが有効であることが知られている（Sameroff, Mc Donough, & Rosenblum., 2004）．

また，スターンは，母親と乳児の関係性を介入の対象とする親乳児精神保健において，母親の支援にあたるセラピストの選択において，その者がどんな専門的な教育や訓練を受けてきたかではなく，子育てや子どもとの関係についてのリアルな経験をもっているかどうかが重要であると明言している（Stern, 2004）．彼はさらに，子育て支援の専門的な知識や技術を学ぶことは，子育てにリアルな経験をもつ女性という選択を補足するものにすぎず，事前の選択なしに専門的な知識や技術を学んでも，それは力量に乏しいセラピストを多く生み出すだけであるとまで断言している．

ローカルな観点と科学的方法論の関係　つまり，ローカルな観点に立つ地域実践から学ぶことができるのは，絶対化された専門性・技法・理論などはなく，これらを相対的にとらえる必要があるということである．このことを方法

論という視点から述べるならば，次のようにいうことができるのではないだろうか．

　科学的な知識や技術は，実験や演繹を通して仮説検証を繰り返すことで見いだされる，普遍的で妥当な現実についての法則性を基礎としており，これらの法則性を用いて現実や現実の解釈を改変しようと試みる．しかしながら，他方で，こうして普遍的で妥当であることを要請される法則性は，現象が生起する固有の"この"場所がもつ多様性という現実に触れることで，また新たな発見や見方が与えられて，修正や変更を求められる．

　つまり，ローカルな地域での実践活動は，科学的な知識や技術を生成するものではなく，その場所で生成される発想を通して，これらの知識の可能性と限界を問うものである．したがって，どんなに科学的な手続きを通して実証されたとされる技法や知識であっても，ローカルな実践という観点に立つならば，絶対的なそれにはなりえず，あくまでも相対化され，あくまでも1つの可能性や選択肢として扱われることになる．

　ここでも，全体をグローバルに見渡して思考し，あくまでも実践はローカルに，柔軟なアイディアやアプローチを発想することが，臨床心理士には求められるのである．いうまでもなく，私たちが学んできた臨床心理学の技法や理論や態度，さらにこれまでさまざまな場で実践してきた心理臨床の経験に基づく知恵や発想は，相対化されるからといって，無用で，無意味であることには決してならないのである．むしろ，こうした専門的な教育や訓練は，十分でないにしても，教条的に用いられない限り，私たちにとって実践を行う上でのいわゆる"アイディアの引き出し"となるのである．

7.4　心理臨床実践の方法論に向かって

●もう一度，第3の道に向けて

　かつて河合（1976）は臨床心理学を"第3の道"を模索する"大人の仕事"であるとした．第3の道とは，「現実の犠牲において学説への忠実を守らねばならない」傾向をもつような学派の理論に偏重した道をとることもせず，「現実の犠牲において科学の形式が守られることが多い」自然科学をモデルとして近代的な体裁を重視する道もとらない「困難で曖昧な」道であるという．そし

て，大学や大学院では教えるべきでない，実践の中からはじめて教わることができるという意味で"大人の仕事"であると述べた．

しかし，今や臨床心理学は大学や大学院で教えるものとなった．臨床心理学の今日の流れは，第3の道を模索することよりも，大学や大学院で教えることができ，研究することができるアカデミックな臨床心理学を追求することの方に勢いを増しているようにみえる．このような状況であるからこそ，臨床心理学のアイデンティティであり，生命線である"実践"の方法論を自分の足下を確かめるように模索する必要があるのではないだろうか．本章が目指す先には，もう一度「困難で曖昧な」第3の道があることを願っている．

◉まとめ：ローカルであることの特徴

地域での心理臨床をローカルな視点で実践するということは，どういう特徴をもつのであろうか．相互に関連しあう特徴のいくつかを最後にここにあげてみたい．

①時と所に適う支えをクライエントに応じて用意する

科学的な知識や発想や技術は，場を越えた普遍性を指向するものである．これに対して，ローカルな臨床実践が重きをおくのは，むしろ固有の場の中で創造的なアイデアやアプローチを生成することである．個人が抱える困難や課題はその時や所とのかかわりから立ち上がったものであることから，その解決や対応もその場所の中にあると考えるのである．

②臨床心理学の専門性・技法・理論などは相対化される

ローカルな心理臨床の実践活動において，臨床心理士としての専門的な知識，技法，態度も絶対的なものにはなりえない．多様なアプローチや方法は，実践に参入するための入り口，切り口というものである．しかし，多様なアプローチや方法をもつ上で，臨床心理学を学ぶことは有益であり，武器となる．

③広く全体を見渡しつつ，地道な実践を行うための柔軟な発想が求められる

ある実践家とのインタビューの中で，地域の中で実践を行っているうちに，だんだんとこの実践を"援助"や"支援"ということばで括ることができなくなってくる．誰が誰を支えているのかわからない，という発言があった．日常の生活の中で，まったくその場にあたりまえにあるようなさりげない実践こそ，本当の意味で質のよい実践と呼ぶことができるのかもしれない．そのためにも，Think globally, act locally!!　広い視野から，その時と所に適った活動を

発想する柔軟さをもった実践の方法論を臨床心理学に求めたい．それがどんなに曖昧で困難なものであったとしても．　　　　　　　　　　　　　　　[平野直己]

■文　献

平野直己（2006a）．地域と大学のポテンシャリティを活かす実践活動――フリースペースの試み　中田行重・串崎真志（編）地域実践心理学――実践編　ナカニシヤ出版　pp. 63-76.
平野直己（2006b）．抱える環境としての地域――精神分析学の観点から地域実践を考える　中田行重・串崎真志（編）地域実践心理学――実践編　ナカニシヤ出版　pp. 113-122.
平野直己・牧野高壮・菅原英治・高野創子・小田切亮・後藤龍太・山元隆子・渡辺美穂・小林亜希子（2007）．心理臨床のローカルな観点――地域実践から臨床心理学を再考する　学校臨床心理学研究（北海道教育大学大学院研究紀要），**4**, 23-37.
河合隼雄（1976）．事例研究の意義と問題点　臨床心理事例研究（京都大学教育学部教育心理研究室紀要），**3**, 9-12.
皆川邦直（1993）．両親（親）ガイダンスをめぐって　思春期青年期精神医学，**3**(1), 22-30.
三沢直子（2004）．「子育て支援」の特集に当たって――「面接室モデル」から「地域モデル」へ　臨床心理学，**4**(5), 575-578.
村瀬嘉代子（1995）．子どもと大人の心の架け橋　金剛出版
村瀬嘉代子（2004）．心理援助と生活を支える視点　臨床心理学，**4**(2), 161-171.
中田行重（2005）．臨床心理学の概観　中田行重・串崎真志（共著）地域実践心理学――支えあいの臨床心理学へ向けて　ナカニシヤ出版　pp. 7-16.
Process of Change Study Group (Bruschweiler-Stern, N., Harrison, A. M., Lyons-Ruth, K., Morgan, A., Nahum, J. P., Sander, L., Stern, D. N., & Tronick, E. Z.) (1998a). Non-Interpretative mechanisms in psychoanalytic psychotherapy : The 'something more' than interpretation. *International Journal of Psychoanalysis*, **79**, 903-921.
Process of Change Study Group (Bruschweiler-Stern, N., Harrison, A. M., Lyons-Ruth, K., Morgan, A., Nahum, J. P., Sander, L., Stern, D. N., & Tronick, E. Z.) (1998b). Interventions that effect change in psychotherapy : A model based on infant research. *Infant Mental Health*, **19**(3), 277-353.
臨床心理学（2001）．特集：事例研究，**1**(1).
臨床心理学（2002）．特集：臨床心理学研究の課題，**2**(1).
Sameroff, A. J., McDonough, S. C., & Rosenblum, K. L. (2004). *Treating parent-infant relationship problems : Strategies for intervention*. New York : Guilford Press.
下山晴彦（2000a）．臨床心理学研究の技法　福村出版
下山晴彦（2000b）．心理臨床の基礎１　心理臨床の発想と実践　岩波書店
Stern, D. N. (1995). *The motherhood constellation : A unified view of parent-infant psychotherapy*. Basic Books.（馬場禮子・青木紀久代（訳）(2000).　親-乳幼児心理療法――母性のコンステレーション　岩崎学術出版社）
Stern, D. N. (2004). The motherhood constellation : Therapeutic approaches to early relational problems. In A. J. Sameroff et al. (Eds.), *Treating parent-infant relationship problems : strategies for intervention*. New York : Guilford Press. pp. 29-42.
山本和郎（1986）．コミュニティ心理学――地域臨床の理論と実践　東京大学出版社
山本和郎（2002）．社会的要請で展開する「臨床心理学的地域援助」について――その定義・

理念・独自性・方法　人間関係学研究（大妻女子大学人間関係学部紀要），**3**, 243-252.

8. 環境問題へのゲーミングの導入とその展開

8.1 社会心理学から環境問題に取り組む

環境に配慮した消費行動を普及させる1つの方法として，説得的コミュニケーションによって消費者の態度や行動を変化させることがあげられる（杉浦，2003a）．こうした研究では，行動変容を促すようなコミュニケーションはどのようなアクションが有効かというフィールド実験や，行動に至る認知プロセスを解明するための社会調査といった伝統的な方法によって明らかになってきている．

例えば，環境ボランティアによる地域住民への働きかけや行政が導入する制度といったアクションを「刺激」，社会調査やインタビューなどによるデータを「反応」ととらえることにより，「現実社会」を舞台として問題の記述と解決への提案，そして心理学的知見の蓄積をアクション・リサーチとして行うことができる．こうした反応を分析することで，現実の環境問題を解決するための応用的・実践的研究が成り立つだろう．また，環境問題を扱うこと自体が現場との連携を要請されるが，研究者が対象者と協働で取り組みながら新たな知見が創出されるということも起こりうる．

● ゲーミング・シミュレーション

ここでは，現場との協働と知識生産を目指した研究・教育技法として，「ゲーミング・シミュレーション」（gaming & simulation）（以下，ゲーミング）を紹介する．現実社会にはコントロールできない変数も存在し，現実とは異なる状況を設定することが困難な場合も多い．こうしたとき，シナリオを用いた実験室実験なども有効な手段であろうが，従来の「研究者」：「対象者」という

枠組みを超えて，ある問題への対処を考える場において，その参加者が自ら問題を発見し，解決のための知見を構築するような場の設定について，ゲーミングによる心理学的研究への展望を紹介したい．とりわけ，環境問題へのアクション・リサーチの過程で誕生した「説得納得ゲーム」（杉浦，2003b）（注1）と，その心理学における有用性について論じていく．

注1 説得納得ゲームについて，以下のサイトで情報提供している．
http://homepage2.nifty.com/jsugiura/gaming.htm

8.2 ゲーミングによる研究実践

ゲーミングでは，設定された「ルール」に基づきある種の役割を演じることによって，多様な視点が獲得され，その集約如何によっては新たな論理が構成される．近年，獲得すべき知識を提供する際に，従来の講義や講習会と比較して，参加型のプログラムが求められるようになってきており，ゲーミングの社会的役割も拡大するものと思われる．ゲーミングとは，「ゲーム専用言語，適切な伝達技術，多重話による相互作用で総体コミュニケーションの方法」と定義される（Duke, 2001）．デュークは，ゲーミングについて，従来の講演や会議などのコミュニケーション手段に対して，問題解決志向をもつ総体的かつ多重的なコミュニケーションであるとし，これを「多重話（multilogue）」と呼び，ゲーミングを「未来を語る言語」なる人間が行いうる最も高次のコミュニケーション手段と位置づけている．

●研究技法としてのゲーミング

さて，社会心理学では実験・調査など伝統的方法に加え，研究技法の1つとしてゲーミングによる研究がみられるようになってきている（杉浦，2000）．すなわち，現実のある側面を抽象化し，現実に縛られない状況や役割をゲームとして設定し，プレイすることで，場所や時間といった制約を超えたある種の世界を経験・獲得することができるのである．

社会心理学の目的の1つに，ミクロな個人の行動とマクロな社会の動向との関連の解明ということがあげられる．ゲーミングにおける個人の行動とその結果起きてくるゲーム展開は，個々人のミクロな行動の集積が全体としての集団・社会を作りあげるという点で社会心理学的な現象である．つまり，ゲー

の初期値によって個人の行動が規定され,その個人の行動によってマクロな展開が決定され,個人の行動結果を反映したある種の社会が創出されるのである.

例えば,「仮想世界ゲーム」(広瀬,1997)では,それぞれ約10名による4つのグループ(豊かな地域と貧しい地域2つずつ)が存在するミニ世界の中で,ミクロ的にはプレーヤは食料や賃金の確保といった個人が生き延びるための目標を達成する一方で,マクロ的には個人の行動の累積が反映されることによるテロや環境問題といった事件が発生するという枠組みが作られている.このゲームを利用することで,集団や社会に対するアイデンティティ(垂澤・広瀬,2003),集団間での援助行動(唐沢,2003)や集団における複数リーダーの存在効果(高口・坂田・黒川,2002)など,従来の方法による研究とは異なる知見が見いだされるようになってきている.

● **社会問題への貢献**

また,ゲーミングの社会問題への貢献という点で,切実な社会的関心を集めている防災に関して,「クロスロード」(矢守・吉川・網代,2005)という注目すべきゲームが出現している.このゲームでは,阪神・淡路大震災における膨大な調査結果がゲームの材料としてまとめられている.

プレーヤは,そこで提供される防災の問題について参加者どうしの反応をもとに主体的に問題を考えることが可能となった.すなわち,防災問題における意思決定の困難な状況が素材として再現され,参加者それぞれが決定に必要な情報や前提条件,役割に基づく多様な価値観を理解し,その結果を議論するところにおもしろさがある.このゲームでは,フィールドワークの成果に基づいて明らかにされた実際の震災直後の関係者の対応について,「なぜそのように判断するのか」ということを問題の当事者ではなかったプレーヤが議論するのである.

ある状況下での適切な判断が別の場面でもあてはまるとは限らず,プレーヤ同士でその問題を考えることが重要になる.実際に起こった災害の経験を,ゲーミングを媒介として時と状況を超えて,新たに起こりうる問題への対処として役立てることができるのである.

● **ゲーミングによる研究の表現方法**

一方で,社会心理学においてゲーミングによる研究は,従来型の実験室実験

と比較して十分に理解が得られていないところがある．その原因の1つは，論文などの限られた紙面でその内容をくわしく説明するのが困難なため，ゲーム内容そのものの理解が得にくいことである．ゲーミングには，限られた紙面において表現しづらい経験に基づく実施上の「コツ」といったこともあり，ゲーム状況を観察したり実施経験者からゲーム展開についての話を聞いたりすることで，実質的な要領が得られることが多い．また，ルールの範囲内でプレーヤは自由に振る舞うため，「実験室」で行われるような厳密な要因の統制が困難であるとみなされやすい（新井，1998）．ここで注意しなければならないのは，ゲーミングは既存の方法の代替以上の可能性をもっているという点である．ゲーミングを用いた研究にふさわしい仮説の設定や分析の方法の研究法・教育法の開発が求められるところだろう．

8.3　市民活動から社会心理学研究へ

　現場に心理学研究者がかかわることで，現場への貢献だけでなく，そこから心理学研究の視点が広がり，新たに研究が展開する可能性がある．ここでは，現場との協働による環境関連の事例として，名古屋市でのごみ減量に関する市民活動「名古屋ルールフォーラム」を紹介する（杉浦，2004）．

● ワークショップでの実践

　このフォーラムは，ごみ減量に関心を寄せる市民で結成された「世話人会」が企画し，一般市民へワークショップの参加を呼びかけ，市民独自のごみ減量を目指したディスカッションが積み重ねられた．一連のフォーラムで，参加者はごみ減量のためのアイディアをカードに書き出し，カテゴリ別に内容を整理し，それぞれのカードの内容について評価を行いながら具体的なごみ減量対策を議論し，グループ単位で模造紙にカードを使って議論内容をまとめていった．一連の名古屋ルールフォーラムの展開からは，世話人会では，アイディアを実際の行動に移すための方法や，名古屋市民の意見分布を把握すべく大学の研究プロジェクトとの協働の検討も進められた．

　1つは，名古屋大学環境学研究科のプロジェクトと協働して展開された社会調査（2000年3月実施）である（広瀬ら，2001）．すなわち，ごみ減量に関連する名古屋市民の意識について何を質問してみたいかをフォーラムとして検討

し，名古屋市民を対象に計画されていた社会調査の項目に盛り込んだのである．さらに，社会調査の結果をまとめ再びフォーラムにおいて結果の解釈を行った．学術的な成果の報告は日本心理学会の機関誌（Ohnuma et al., 2005）および廃棄物学会の機関誌（依藤ら，2005）において行われている．

もう一方は，フォーラムで提案・整理されたごみ減量のためのアイディアを実際の行動につなげていくためのゲームの考案であり，筆者がデザインしたゲームがフォーラムで実施されることとなった．このゲームのねらいは，「市民が出した発生抑制のアイディアを，なるべく多くの人に実行してもらうように，他の市民に要請する役割を担い，たくさんの賛同を得られるようにする」というものであった．

● **説得納得ゲームの誕生**

「発生抑制」のカテゴリーで分類・整理されたアイディアをもとに，ゲームの材料としてのカードが作成された．このプロセスを教育現場に転用した結果，プログラムとしての「説得納得ゲーム」（杉浦，2003b）が誕生した．その概要は次のようなものである．① 20 ～ 100 名程度が半々のグループに分かれ，一方のグループは説得者，もう一方が被説得者の役割を演じる．②説得者グループのプレーヤは相手グループの被説得者プレーヤを次々に見つけ，自分のもつカードに書かれた内容を説得してまわる．被説得者プレーヤは説得者の説得に対して反駁し，納得できたら相手のカードにサインをする．③説得者と被説得者の役割は交代する．なるべく多くのサインを集めたプレーヤが勝ち，というものである．このゲームは説得と納得の相互作用を扱うことで，説得というコミュニケーション・スタイルが問題となるフィールドにおいて教育ツールとして活用できることが明らかになってきている．

従来の説得研究においては，独立変数としての説得にかかわる要因と，従属変数としての態度変容にかかわる要因，そして説得がなされる状況要因を設定し，実験的な研究が積み重ねられてきた．こうした研究に対して，環境配慮行動の社会心理学的研究とゲーミングによる教育実践の交叉点から生まれた説得納得ゲームは，さまざまなフィールドへの転用可能性（transferability）が議論されているところである（杉浦，2005；サトウ，2005）．また，ゲーム名については，必ずしも「説得」が問題とならない場合の利用も考慮し，説得納得ゲーム（Settoku Nattoku Game）の頭文字による「SNG」という名称も使われて

いる．さらに，「SNG：省エネ」(加藤・杉浦・荒川，2005)のような，「オリジナル名称」と「テーマ」を組み合わせた名称の使用も提案されている(杉浦・吉川・鈴木，2006)．なお，手続きが同一で実施ごとにテーマを設定できるゲームをフレームゲームと呼ぶ．SNGはフレームゲームの一種といえる．

8.4 説得納得ゲーム (SNG) に盛り込まれた発想

　既存のゲームを改良して研究や教育のツールとして利用したり，調査の結果をもとにゲームを作成したりすることで，ゲーミングを心理学の1つの方法として活用することができる．一方で「説得納得ゲーム」は，市民フォーラムという現場において研究者との協働で誕生している点がユニークである．この発想の出発点は，環境配慮のためのアイディアを知識にとどめるだけでなく実行に移すには，そのアイディアを実際に実行することを人前で宣言するという積極的な参加によりコミットメントが高まるという，役割演技による態度・行動変容のプロセス (Janis & King, 1954) をゲームのルールとして記述することであった．

●役割演技法
　役割演技法の可能性はホースレイ (Horsley, 1977) の研究事例とともに広瀬 (1995) において紹介されている．ホースレイの実験では，知人に対して環境配慮行動を実行させる説得をするように環境学専攻の学生に役割演技を依頼した．その際，環境問題や態度変容の知識を教えたり，互いに依頼活動の報告を行わせたりした．その結果，他者に対して説得する役割を担った学生本人たちがさまざまな場面で環境配慮行動を実践するようになっていた．当初の目的としては，行動を主体的に実行する役割，それも他者に実行を促すような立場を演じるゲーミングが開発できれば，プレーヤの行動実行への期待が高まるというものであった．

　環境配慮行動の説得に関する役割演技の効果をゲーミングで再現するには，役割としてアイディアをお互いに繰り返し説得する役割をつくればよいことになる．ところが，ゲームのプレーヤになるのは環境に関心が高く，すでに実行度が高い市民であることが想定された．そこで，実際とは異なる「実行しない役割」をルールで記述した．ゲーミングは現実の制約からフリーになれる点が

メリットであり，実社会とは異なる事柄をシナリオとして描き，そのプロセスをルールに基づく行動として経験できるような仕かけを用意できるのである．すなわち，実際には高い承諾が得られるような参加者の集まりであっても，現実とは異なる「断る」ということをルールとして盛り込めば，プレーヤは繰り返し説得せざるを得ないことになる．

● 「説得を断る」というルール

では，説得を断るというルールの意義はなんであろうか．持続可能な社会づくりをはじめとする環境問題（あるいはその他の多くの問題にしても）を考える上で重要な点として，さまざまな立場や意見を認め合いながらコミュニケーションを進めていくということがあげられる．環境に配慮した行動を実行しようとも，それが困難な状況におかれた人は数多く存在する．「行動できない（しない）人は，なぜできない（しない）のだろう」ということについて，現実とは異なる役割を演じながら立場を超えて議論することで，当該問題に対する「説得と納得の論理」が参加者自らによって構成されることとなる．結果として，行動を普及させるための対策に必要な材料がそろい，行動したくても実行が困難な市民をサポートする仕組みを作る議論が多面的に行われる可能性が拡大する．例えば，社会的にバックアップしていくことで問題が解決する部分，社会のバックアップがないと多くの市民が対応できない部分，社会のバックアップがあっても個人の頑張りがないとできない部分，というように，それぞれの立場から「実行できない理由」を冷静に分析することができるのである．

8.5　環境教育プログラムへの展開

説得納得ゲームの発想のきっかけは，アイディアを他者に説得することで自分自身がそのアイディアの実行に対して深くコミットし，それが行動変容につながるという仮定があった．説得と態度変容に関する実験的研究には，なんらかの事態にコミットさせ，その意見変容を測定するというオーソドックスな方法がある．一方，教育技法としての役割演技としては，心理学においても種々のロールプレイの方法論的蓄積がある．

◉実験・調査と教育の融合

　ここで，ゲーミングは実験・調査的手法と教育技法の両者を融合させた方法であるととらえることができる．すなわち，何かを学習するパッケージではなく，その活動を通じてテーマについての新しい知識を創造する可能性である．他のプレーヤたちがもつ多様な意見をプレーヤは収集しながら環境配慮行動についての考えを深めていたことが，教育場面に転用したことにより明らかになった（杉浦，2005）．プレーヤは互いのコミュニケーションを通じて，環境問題の本質について探索的に理解を深めていったのである．ゲームの内容を振り返ることで，環境配慮行動の普及において，人々の間で「何が妥協され，何が妥協されないか」ということがボトムアップ的に構築されていった．さらに，プレーヤはこのゲームを楽しんで行ったということが教育ツールとしての可能性を示唆していた．ゲーミングを実施することによって見いだされた成果は，前出「クロスロード」において「防災について学習するための教育ツールであると同時に，防災に関する知恵，教訓を収集するための調査ツールとしても機能する」（矢守ら，2005）とする考え方と根底で共通する．説得と断り・納得のプロセスを多くの参加者と体験し，できない理由を考えることで「ではどうしたら実行できるようになるだろうか」ということをその場で考えながら，複数の説得相手の多様な論理を幅広く知ることができる．さらには，日常場面で環境のことを意識するようになり，行動変容につながったという報告もみられるようになったことである．

◉コミュニケーション・スキルの学習

　現在では，環境に限らず，次節に示すような多様な分野への転用プロジェクトが進行中である．また，ゲーム内容は環境を扱っているが，環境のことだけではなく，説得すべき相手を探し積極的に働きかけていくといったコミュニケーション・スキルへの学習も考えられる．環境問題のような相互依存的な事態におけるコミュニケーションのあり方について，ゲームをデザイン・実施・評価することによって考察することが可能となったのである．

　説得納得ゲームでは，説得者側と被説得者側の要因について，相互作用を通じて同時に扱うことができる．説得者は自ら能動的に働きかけなければならないが，このことによって説得の動機や説得相手の選定という説得の前段階にある要因について，探索的に検討することができるだろう．すなわち，説得相手

を見つけて説得し，反論に対してさらに説得を続けるか，あきらめて別の相手を説得するか，何人の相手を説得するかなど，説得にかかわる種々の要因を時系列的に洗い出すことができるだろう．従来の説得研究は，従属変数としての説得効果に注目が集まることが多かったが，説得の成功によるエンパワーメントや，逆に説得の失敗の後に生じる問題すなわちブーメラン効果（白井，1974）など，説得者自身の変化に関することがらを教育や研修において扱うこともできる．また，説得に対してどのように反論し，その結果いかなる変化が生じるかなど，これまで心理的リアクタンス（Brehm, 1966；今城，2001）や免疫効果（McGuire, 1964；吉川，1984）をはじめ，説得への抵抗の研究成果（Knowles & Linn, 2004）に対して，方法論的に新たな視点を提案する可能性もあるだろう．また，このゲームの名称にもなっている「納得」という概念は，一般的によく使われることばであるが，このゲームは「納得する」とはどういうことかについての示唆を与えてくれる．

8.6　行政職員研修への転用

ここで，転用の事例として行政の職員研修における利用を紹介する（杉浦，2005）．筆者は川崎市職員研修所から「行政職員には説得力や納得してもらう能力が求められており，職員研修に説得納得ゲームを取り入れられないか」との依頼を受けた．そこで，「説得納得ゲーム」の転用を検討するアクション・リサーチとして実施することの了解を得た上で，行政職員のコミュニケーションをテーマに改変するゲームを作成し，2004年2月に実施した．

●ルール改変とプロセス

オリジナルゲームにおける説得者は，環境配慮行動の普及への説得が求められていたが，この役割を，行政の施策について市民に説明する役に変更した．さらに，情報の送り手として，市民役が種々の要望を述べ，それに対して行政の職員が市民に対して納得のいく説明を行うというルールも導入した．

まず，行政職員にかかわるテーマとして，参加者は「市民として日頃，行政に納得のいく説明をしてもらいたいこと」および「職員として日頃，市民の方々に提案し，理解してもらわなければならないこと」をテーマにグループ単位で意見を出し合い，A5サイズの「市民要望カード」（市民にとっての行政へ

の要望）と「行政広報カード」（行政としての市民への広報）を各自1枚ずつ作成した．ゲームでは，グループ内で指定された半数の行政職員が市民役となり，最初は，市民要望カードをもって他のグループの行政役のところへ出かけていき，その内容を説明する．「市民」は，要望に対する行政側の説明に対して，「納得点」（1 納得できず，2 条件つき，3 納得）という形式で評価を行う．オリジナルのゲームでは，説得された側が環境配慮行動を実行するかどうかを判断していたが，ここでは相手に対して行った説明の反応に対して，説明者自身が「納得できたか」という点をルールで表現した．これは「説得」が相手の変化をねらった行動であるのに対し，「要望」というのは相手から満足のいく回答が得られるかどうか，すなわち要望の行為主体が「納得」できるかが問題となることに由来する．市民役のプレーヤは，何人もの「行政」役のプレーヤに自分の要望を伝え，その応対による納得度の違いを制限時間内（この場合は15分）に経験する．一方，「行政広報」については，「行政」役が市民に理解してもらいたいことを「市民」役のプレーヤに説明するわけであり，これはオリジナルのゲームと同様，ある種の説得行為である．

以上のプロセスは，説得納得ゲームのフレームが，「説得」に対する被説得者の納得だけでなく，「要望」における行為者自身の納得を扱うことが可能であることを示している．ゲームの手続きは，オリジナルと同様に，プレーヤは「行政」役と「市民」役の両方が交代で割り振られ，「要望」と「広報」（説得）の2種類の行動を経験した．以上が終了した後，ディブリーフィングとして各自でゲーム内容を振り返った．このゲームは，実際の研修の場でありながら，新しいゲームを実践するアクション・リサーチであったため，振り返りにおいてはゲーミングの意義についても説明を行った．

● **研修の成果と課題**

行政の職員研修を目的とした説得納得ゲームのルール改変により，それぞれの行政職員が日頃考えることを，ゲームにおいてなるべく多くの他の参加者と相互作用させることで，職員自らが問題点を整理することが可能となった．そして，行政におけるコミュニケーションの種々の問題点や課題を発見することもできた．また，参加者は，より具体的な問題を扱うためのルール改変のアイディアを，ディブリーフィングの過程で見いだしていた．

一方で，ゲームの振り返りのプロセスからは，研修の実施主体，参加者のそ

れぞれがゲームに期待することと，研究者の意図との間に若干の齟齬(そご)が生じていることも明らかになった．すなわち，研修の実施主体は，コミュニケーション・スキル向上のためのトレーニングを期待した面があり，参加者は，効果的な説得技術を教えてもらえるのだろうと期待していた面もあった．もちろん，説得納得ゲームにおいてコミュニケーション・スキルの向上も期待される効果の1つであるが，研究者としてはこのゲームを単なるスキルトレーニングではなく，役割を交換しながら自分の説明・説得によって他者や自分自身に納得を与えながら多様な意見を集約していくプロセスにも関心をもっていた．ゲームのデザイナー，実施主体，そしてプレーヤがゲームに何を期待するかを考慮しながら，ゲーム利用についてのそれぞれの立場の合意を深めることが必要であることが示唆される結果となった．

8.7 SNG の転用とその事例

説得納得ゲームは環境教育のツールとして開発が進められたが，その用途は販売・交渉や消費者教育（杉浦・吉川・鈴木，2006），コミュニケーション・トレーニング技法への応用をはじめ，専門家養成のプログラムとして多方面での活用が検討され始めている（杉浦，2005）．それは，このゲームが固定されたコンテンツをもたず，そのアイディアを自ら作り出し，それを多重話としての説得と納得の相互作用により他者と共有しながら新たな論理を構成していくという本質に由来している．

説得納得ゲームは，他者に働きかけ，相手の同意（納得）を得ることが求められる種々の場面への転用が可能である．このゲームは元来，環境教育のツールとして，さまざまなバリエーションのもとで継続して行われてきているが，そうした一つ一つのデザインは，他の領域への転用を可能にするヒントを与えている．ゲームの基本的枠組みとしては，全体を2つのグループに分け，片方が説明・説得を行う側，もう片方がその説明を批判・了解する立場となる．ここでは，オリジナルの環境を扱っていた文脈から別の文脈へゲームへの転用可能性について，事例を紹介する．

●**転用事例とその特徴**

ゲームで扱うテーマについては，オリジナルゲームで環境配慮行動の普及を

扱ったように，説得が社会的に求められる分野をはじめ，心理学の各分野での転用が始まっている．川野（2004）は，説得納得ゲームを改変し，「個人的プロジェクト」をテーマに，3人のユニットでアドバイス役，聞き役，観察役を設け，相互に役割を交換する「アドバイス納得ゲーム」としての実践を日本パーソナリティ心理学会において報告している．ここでは，役割演技や役割交換のゲーム性の特徴が生かされている．西村・相馬（2005）は，異性意識の変化について，大学生を対象として説得納得ゲームを相互作用対象他者の選択を検討するための手法として用い，多くの人と交代で話をするということについて参加者の肯定的な評価を確認できたことを，日本グループ・ダイナミックス学会において報告している．ここでは，コミュニケーション相手の選択がプレーヤの意思によって行われる特徴が生かされている．西垣（2005）は説得納得ゲームを改変した「SNG健康増進ゲーム」を看護学生に実施し，健康に対する動機づけ，健康統制感の変化，および実行に及ぼす要因を明らかにし，健康増進ゲームの健康教育に対する効果が確認できたことを，日本健康心理学会において報告している．ここでは，コミュニケーション内容へのコミットメントによる態度および行動の変化に焦点があてられている．いずれの研究も，説得納得ゲームの特徴が生かされおり，説得納得ゲームが心理学におけるそれぞれの研究テーマ・フィールドに転用可能であることが示唆されている．

8.8 転用における課題

●転用上の課題と注意

　説得納得ゲームにおける中心的概念である「説得」ということばには，相手を説き伏せる否定的なイメージもつきまとう．例えば，医療におけるインフォームド・コンセントの問題を扱う際に，「医者が患者をどう説得するか」ということを話題にすれば，そのこと自体が問題となりうるだろう．医者がその権威的立場を利用し，患者をある方向に誘導することへの倫理的問題が生じるのである．たしかに，「なぜ，その治療が必要か」について，医者が患者に納得のいく説明ができないようでは問題であろう．一方で，患者にとっても，「なぜ，その処置が必要か」について，相手に説明を求めるだけのコミュニケーション能力が必要であるといえよう．杉浦（2003b）では，医療における医者と

患者のコミュニケーション場面での利用可能性を示唆しているが，医療に説得的コミュニケーションを持ち込むことに対して批判的にとらえておくことも当然ながら必要である（杉浦，2005b）．

◉**倫理的問題**

では，なぜゲームとして説得を導入すること自体が問題になるのであろうか．それは，従来から影響を与える立場に属する者が，よりその影響力の効果を高めるために説得研究を利用してきた，ということも考えられる．もし，説得納得ゲームが，影響力を有する側のトレーニングのためのゲームであれば，医療に持ち込むべきではないだろうし，他の分野においても，悪質商法やマインドコントロールの道具として悪用されるだろう．ゲームに限らず，科学的成果の利用における倫理的配慮については，十分な監視が必要である．説得納得ゲームについても，倫理的配慮をもって利用することが望まれる．とりわけ，専門的な影響力を受ける立場の人々に対する教育ゲームとして利用可能性が高いことに着目すべきだろう．医療においては患者への教育であり，消費生活においては消費者教育である．

以上のように，ゲームの転用において注意が必要となるのは，利用の結果生じるマイナス面の影響である．オリジナルの開発者は，そのプロセスを自ら把握しているために，新たな状況において何がプラスとなり何がマイナスとなるか判断しやすい．ところが，新規参入者にとっては，表面的なルールや報告されるプラスの成果のみに注意がいき，それぞれの問題に応じたゲームの改変から生じるマイナスの効果を予測しにくい．場合によっては，その効果が「悪用」されることも想定しなければならない．

◉**転用への対応**

こうした状況を乗り越えるために，説得納得ゲームを利用したり転用を考えたりする人々が集まり，実践報告や改良の提案などがメーリングリストで展開されている．こうしたコミュニティにより，説得納得ゲームは多くの実践者による実践報告やそれぞれの分野への転用により，ゲームに新たなコンセプトが付与され，ゲームのオプションも蓄積されてきている．このプロセスについて，ネット上で改良が進められたコンピュータの基本ソフト"Linux"の開発が連想される．調（2002）によれば，Linuxの開発は開放性・公開性・透明性を高めることで公共空間における知識生産が進んだとのことである．しかしな

がら，専門領域によっては本質的にこうした生産方式に馴染まない場合もあり，その例として「トライ&エラー」が許されない臨床医学があげられている．説得納得ゲームも，Linux のようにネット上で完全に公開して誰もが参加できるような仕組みができなくはないが，その利用において参加者やテーマによりゲームの条件が変わり，はじめての実践者にとってはリスクも大きい．レイ（Leigh, 2004）は，ユーザー（ゲームの実践者）に対するデザイナー（開発者）の義務について論じている．すなわち，そのゲームで何ができて何ができないか，何が起こるか，説明として何を用意すべきかなど，デザイナーはユーザーに対して説明する責任を負っているというのである．人間の態度や行動の変化を扱うゲームとして，その管理は慎重に行われるべきであり，デザイナーとユーザーとの有機的連携が不可欠である．

8.9 ゲーミングによる知識生産

●アイディア開発から新たな知識の生産へ

　市民ワークショップから誕生した説得納得ゲームは，そこで開発されたアイディアを材料としてゲームのフレームが作成された．このゲームを教育プログラムとして発展させる際には，このアイディア開発が重要なプロセスとして位置づけられた．実践が求められる行動をテーマとする場合，参加者自らがアイディアを考え，評価しながらゲームの材料を作成するプロセスは，それ自体がレヴィン（Lewin, K.）のいう「集団討議法」として学習効果をもつ．さらには，後に役割として行う説得の論拠を考える準備にもなる．説得と批判・納得を繰り返すことにより，個々のもつ知識は広がりや深まりが増す可能性がある．それはゲームによる相互作用から分散した知が統合する可能性をもつことを示唆する．ここで講義という既存の知識伝達の方法とゲームとを組み合わせることで，より補完的・創造的に知識を獲得し，さらに知識を生産するためのプログラムを作成することができるだろう．すなわち，適切な具体的行動のアイディアを考えるのに必要な情報が与えられ，その知識と個人の経験に基づきアイディアが作成され，それをもとに説得と納得の相互作用が行われる．このことにより，講義によって与えられた一般的知識と，個人のもつローカルな知識とが融合された形で，行動のアイディアとなって出現する．

ところで，環境配慮行動の普及に限らず，一般に「正しい」と思われている知識が，ある場面では適切でないようなこともあるだろう．ゲームの前にプレーヤが開発するアイディアは，専門家でもそうであるように，それが本当に「正しい」かどうかは厳密にはゲームの中で判断できない場合がある．専門家においては，技術レベルや社会の経済状況などを総合的に考慮して，ある種の環境配慮行動の採用が適当かどうか判断するであろう．しかし，非専門家にとっては，それが難しい場合もある．アイディアを開発するプロセスに対して，ゲームを実施する側は，扱う内容面についての責任を自覚する必要があるだろう．すなわち，環境をテーマにする場合には，環境問題について説明するのに十分な知識が求められる．

ここで再び防災ゲーム「クロスロード」に話を戻す．矢守・吉川・網代（2005）は，防災を考えるための道具として，津波防波堤や地震計のような「ハードな道具」，防災マニュアルや緊急対応フローチャートのような「ソフトな道具」に対して，防災マップを作成するワークショップや防災に関するポートフォリオ学習キットなど「ソフトな，しかもローカルで生成的な〈道具〉」を「第三の道具」としてあげている．この「第三の道具」は，他の2つの道具を補完し，「知識の『ローカリティ』（個別性・地域性）」という前提と，「知識の『共同生成』」の重要視という2つの特徴をもち，「直感的」かつ「発見的」な研究手法としてのゲーミングと高い整合性をもつとしている．こうした点から，「クロスロード」で正解が設定できない問題を扱い，さまざまな立場の人々がプレイすることにより，1つの重大な出来事を多様な場面に転用していくには，どのように思考すればよいかを考えていく手立てを発見することができるのである．

● アクション・リサーチへの可能性

このように，ゲーミングの実践から新たな知識が生産されることからも，現実問題へのゲーミングによるアプローチは，アクション・リサーチの可能性を十分にもっている．現実世界をシミュレートしたゲームをデザインし，ゲームの実施と結果の分析により新たな知識が生まれ，その知識を再び現実世界にアクションとして返すという循環により，ゲームが現実世界の一部として機能することが想定される（Law-Yone, 2004）．このような循環により，現実に根ざした知識の生成と循環を目指したプログラムづくりが期待されるところであ

る.

　ゲーミングはさまざまな用途に利用できる．説得納得ゲームにおいては，説得スキルの向上というゲームの効果に着目した利用方法である．次々に繰り出される説得に対する反駁への対処をゲーミングにおいて経験することで，結果的にトレーニング技法としてみなされることもあるだろう．もちろん，それは1つの利用の仕方であるが，単にそれだけにとどめてしまえば，ゲーミングとしての効用を十分に発揮しないことになる．重要なのは，当事者間で「正解」が必ずしも存在しない状況において，「説得者」と「被説得者」というそれぞれの役割を演じる個人が，個別に説得と批判・納得を繰り返し，そして途中で役割を交換しながら，ある問題に対する論理構成を深めるゲームであるということである．また，ゲームの中での「説得者」が単に説得をする役割で，「被説得者」が単に説得を受ける役割とは限定されない．被説得者の説得に対する反説得，説得者の反説得に対する納得という相互作用こそ，注目すべきだろう．このように相互作用を扱うという点において，説得納得ゲームはある種の交渉ゲームである，ということがいえよう．いずれにしても，多人数により「説得と納得」の相互作用を繰り返し経験することで，分散する知識や論理を統合していく可能性をもっている．このそれぞれの個性の「統合」をどう体系化するかという問いは，集合的な語りをどう集約するか，という質的心理学の今後の発展と連携してくることになるだろう．　　　　　　　　［杉浦淳吉］

■文　献

新井　潔（1998）．ゲーミングシミュレーションとは何か　新井　潔・出口　弘・兼田敏之・加藤文俊・中村美枝子　ゲーミングシミュレーション　日科技連出版社　pp. 1-43.
Brehm, J. W. (1966). *A theory of psychological reactance*. New York : Academic Press.
Duke, R. D. (1974). *Gaming : The futures language*. New York : Sage. (中村美枝子・市川　新（訳）(2001)．ゲーミングシミュレーション――未来との対話　アスキー)
広瀬幸雄（1995）．環境と消費の社会心理学――共益と私益のジレンマ　名古屋大学出版会
広瀬幸雄（1997）．シミュレーション世界の社会心理学――ゲームで解く葛藤と共存　ナカニシヤ出版
広瀬幸雄・唐澤かおり・杉浦淳吉・大沼　進・安藤香織・西　和久・依藤佳世・垂沢由美子・前田洋枝（2001）．容器包装収集制度に対する住民の評価と行動――名古屋市における住民意識調査　環境社会心理学研究, **6**, 1-163.
Horsley, A. D. (1977). The effects of a social learning experiment on attitudes and behavior toward environment conservation. *Environment and Behavior*, **9**, 349-384.
今城周造（2001）．説得におけるリアクタンス効果の研究　北大路書房

Janis, I. L., & King, B. T.（1954）. The influence of role playing on opinion change. *Journal of Abnormal and Social Psychology*, **49**, 211-218.

Knowles, E. S., & Linn, J. A.（2004）. *Resistance and persuasion*. New Jersey : Lawrence Erlbaum Associates.

唐沢かおり（2002）．内集団および上位集団への同一視と他集団への支援意図――仮想世界ゲームによる検討 心理学研究, **73**, 18-25.

加藤太一・杉浦淳吉・荒川忠一（2005）．省エネルギー対策の普及へ向けた「説得納得ゲーム」の拡張 日本シミュレーション＆ゲーミング学会全国大会論文報告集 2005年春号, 27-28.

川野健治（2004）．アドバイス納得ゲームによるパーソナリティ理解の促進――説得納得ゲームの転用可能性 日本パーソナリティ心理学会第13回大会発表論文集, 46-47.

吉川肇子（1984）．繰り返し説得される（いわゆる「免疫」）効果の研究 日本心理学会第48回大会発表論文集, 713.

高口 央・坂田桐子・黒川正流（2002）．集団間状況における複数リーダー存在の効果に関する検討 実験社会心理学研究, **42**, 40-54.

Law-Yone, H.（2004）. *Towards an ecology of simulation games*. Keynote Presentation Handouts ; ISAGA2004, Munich.

Leigh, E.（2004）. Designing the facilitator. ISAGA Summer School Handouts ; ISAGA2004, Munich.

McGuire, W. J.（1964）. Inducing resistance to persuasion. In L. Berkowitz（Ed.）, *Advances in experimental social psychology*. Vol.1. New York : Academic Press. pp. 191-229.

西村太志・相馬敏彦（2005）．説得・納得ゲームを用いた，異性意識の変化とゲーム内の相互作用様相の検討 日本グループ・ダイナミックス学会第52回大会発表論文集, 34-35.

西垣悦代（2005）．「SNG健康増進ゲーム」が健康に関する態度と行動に及ぼす効果 日本健康心理学会第18回大会発表論文集, p. 137.

Ohnuma, S., Hirose, Y. Karasawa, K., Yorifuji, K., & Sugiura, J.（2005）. Why do residents accept a demanding rule : Fairness and social benefit as determinants of approval of a recycling system. *Japanese Psychological Research*, **47**(1), 1-11.

サトウタツヤ（2005）．水平的人間関係を築きながら問題解決に迫る仕掛けとしてのゲーミングシミュレーション―― SNG（Sugiura's Nattoku Game）とその展開 心理学評論, **48**(1), 155-167.

調 麻佐志（2002）．Linux開発――公共空間における知識生産の可能性 小林傳司（編著）公共のための科学技術第10章 玉川大学出版部 pp. 224-240.

白井泰子（1974）．説得の失敗の後に起ること――ブーメラン効果の研究（Ⅱ） 実験社会心理学研究, **14**, 95-104.

杉浦淳吉（2000）．ゲーミングシミュレーションによる社会心理学の研究 シミュレーション＆ゲーミング, **10**(1), 66-69.

杉浦淳吉（2003a）．環境配慮の社会心理学 ナカニシヤ出版

杉浦淳吉（2003b）．環境教育ツールとしての「説得納得ゲーム」――開発・実践・改良プロセスの検討 シミュレーション＆ゲーミング, **13**(1), 3-13.

杉浦淳吉（2004）．地域環境問題という現実に立ち向かう心理学 現代のエスプリ, **449**, 129-138.

杉浦淳吉（2005a）．説得納得ゲームによる環境教育と転用可能性 心理学評論, **48**(1), 139-154.

杉浦淳吉（2005b）．ゲーミングが開く水平的人間関係 現代のエスプリ, **458**, 209-217.

杉浦淳吉・吉川肇子・鈴木あい子（2006）．交渉ゲームとしての『SNG（説得納得ゲーム）：販売編』の開発　シミュレーション＆ゲーミング, **16**(1), 37-49.

垂澤由美子・広瀬幸雄（2003）．地球規模の環境問題への対処が先進・途上地域の世界への帰属意識を高めるのか？――仮想世界ゲームを用いて　シミュレーション＆ゲーミング, **13**(1), 14-20.

矢守克也・吉川肇子・網代　剛（2005）．防災ゲームで学ぶリスク・コミュニケーション――クロスロードへの招待　ナカニシヤ出版

依藤佳世・広瀬幸雄・杉浦淳吉・大沼　進・萩原喜之（2005）．住民による自発的リサイクルシステムが資源分別制度の社会的受容に及ぼす効果　廃棄物学会論文誌, **16**(1), 55-64.

心理学方法論を探求するための文献ガイド

「まえがき」でも述べたように，この本は私の世代の心理学者が，研究室での教員や先輩との雑談など非公式な場面で得たような情報を，今の若い研究者に提供することをひとつの目的としている．書籍に関する情報，どんなときにどんな本を読んだらよいのかという情報も，そうした情報の重要な要素であった．そこでここでは，この本の各章で展開されたような方法論への思索をより深めるのに役立つような書籍を少し紹介したい．　　　　　　　　　　　　　　　　　　　　　　　　［渡邊芳之］

1. 心理学と哲学・思想

哲学，とくに科学哲学の知識は心理学の方法論を考えるための力となる．とはいえ，哲学書を読んだら心理学方法論への疑問が一挙に解けるようなことはありえない．あくまでも自分で考える力になるということである．

○ライル　心の概念（坂本百大ほか訳，みすず書房，1987）
　　こころの科学とは，こころを研究するとはどういうことなのかを考えるために必読．
○ブリッヂマン　現代物理学の論理（今田　恵訳，新月社，1950，旧訳は1941）
　　現代心理学を支える「操作的定義」の論理．言うまでもなく訳者は心理学者である．
○ウィトゲンシュタイン　心理学の哲学（1/2）（大修館書店，1：1985/ 2：1988）
　　ここでウィトゲンシュタインが言及する「心理学」は私や読者の行っている心理学とは違うかもしれない，しかし無関係ではない．
○河野哲也　環境に拡がる心──生態学的哲学の展望（勁草書房，2005）
　　現代最先端の哲学の問題意識と心理学の問題意識はどのようにつながり合っているか．
○バニアード　心理学への異議──誰による，誰のための研究か（鈴木聡志 訳，新曜社，2005）
　　心理学はいったい誰のために，何をしているのか？　社会構成主義やフェミニズムなどの現代思潮とも通底した心理学批判．

2. 方法論の概論書

心理学者によって書かれた，心理学の方法論，研究法に関する概論的・総論的な書籍を紹介する．

○続　有恒・八木　冕 監修　心理学研究法　全17巻（東京大学出版会，1972-1980）
　　1970年代日本の心理学研究法の集大成．部分的に古くなってはいるものの，これを超えるものがその後日本人の手によって書かれたことはない．
○下山晴彦・子安増生 編　心理学の新しいかたち──方法への意識（誠信書房，2002）

1990年頃には「年寄りが考えること」であった方法論の問題が，若い研究者のリアルな課題へと変化していった時代を象徴する本のひとつ．
○吉田寿夫 編　心理学研究法の新しいかたち（誠信書房，2006）
若い世代の研究者による方法論についての考察に対して，少し上の世代の吉田が問いかけ，答えを得るという構成が面白い．
○シリーズ心理学の技法（全8冊）（福村出版，1999-2002）
心理学の各分野の研究法を「技法」ととらえて概観する．全体にオーソドックスな研究方法を中心とするが，新しい方法にもきちんと目配りがされている．
○高野陽太郎・岡　隆　心理学研究法——心を見つめる科学のまなざし（有斐閣，2004）
サブタイトルからもわかるように，「科学」を志向するオーソドックスな心理学の研究法の全体像がごくコンパクトにまとめられている．
○サール　心理学研究法入門（宮本聡介・渡邊真由美 訳，新曜社，2005）
これも基本的にはオーソドックスな内容だが，リサーチクエスチョンの立て方，実験的方法と被実験的方法との対照など「方法論」的な内容も充実．
○江川玟成　経験科学における研究方略ガイドブック——論理性と創造性のブラッシュアップ（ナカニシヤ出版，2002）
オーソドックスな「科学的方法」に立脚しながらも，これまであまり明文化されなかった研究過程を客観的に分解し，再構成していることが特徴．
○レイ　エンサイクロペディア心理学研究方法論（岡田圭二訳，北大路書房，2003）
タイトルに偽りなく，まさに心理学研究の「科学的」方法論の百科事典である．科学的方法の哲学から個々の方法までとにかく情報量が多い．
○サトウタツヤ・渡邊芳之・尾見康博　心理学論の誕生——「心理学」のフィールドワーク（北大路書房，2000）
心理学そのものを論じることも心理学である，ということを定着させた歴史的意義をもつ本．今みると問題意識が順調に古くなっていることがうれしい．

3.　心理学の歴史

心理学の歴史をおもなテーマにした本だが，心理学の歴史は方法論の歴史であったことがどの本からもわかるはずだ．

○今田　恵　心理学史（岩波書店，1962）
1962年の日本の心理学者がとらえた心理学史，という内容自体が心理学史的意義をもつ本．日本の心理学への言及がごく少ないことも時代を感じさせる．
○ボールズ　心理学物語——テーマの歴史（富田達彦 訳，北大路書房，2004）
「(研究)テーマの歴史」という視点から心理学史を再構成しているが，結果として正統な心理学史として通読できる．訳書ならではの情報量の多さも魅力．
○サトウタツヤ・高砂美樹　流れを読む心理学史（有斐閣，2003）
ごくコンパクトな心理学史入門書だが，日本の心理学史の詳細な記述，心理学史上の比較的新しい発見や知識に基づいた記述が特徴．
○佐藤達哉 編　心理学史の新しいかたち（誠信書房，2005）
遺伝と環境，臨床心理学などのトピックや，千里眼事件，パブロフ学説の日本への受容など，特定のテーマについての新しい心理学史的視点を強調した本．
○日本心理学会75年史編集委員会 編　日本心理学会75年史（日本心理学会，2002）

日本心理学会の「正史」．日本心理学会という団体の歴史を軸に，日本の心理学史の基本的な流れが概観できる．写真にも貴重なものが多い．
○ダンジガー　心を名づけること――心理学の社会的構成（河野哲也 監訳，勁草書房，2005）
近代心理学やその方法が，産業革命以降の近代社会のあり方や「社会的要請」の影響を大きく受けて生み出されてきたものであることを論証する．
○リード　魂（ソウル）から心（マインド）へ――心理学の誕生（村田純一ほか 訳，青土社，2000）
いわゆる近代心理学以前の「こころの学問」の歴史を詳細に分析するとともに，そこから「心理学」という異質な存在がどのように生み出されたかを論証．
○スレイター　心は実験できるか――20世紀心理学実験物語（岩坂　彰 訳，紀伊國屋書店，2005）
心理学史を彩る著名な実験，著名な心理学者について独特な視点から綴られた「裏面史」．心理学者にとって不本意な表現も多いが勉強になる．

4. 統計やテスト

心理統計や尺度構成などの概論書，入門書を中心に紹介する．

○南風原朝和　心理統計学の基礎――統合的理解のために（有斐閣，2002）
「わかりやすい」系ではない，結構ハードな入門書．コンパクトな中に必要な知識をできるだけ詰め込もうとした意図は成功しており，通読すると発見もある．
○リン 編　教育測定学（池田　央ほか 編訳，C.S.L.学習評価研究所，1992，原著第3版の訳）
翻訳書ならではの圧倒的な情報量，文献リストの充実，心理学系の概論書とは少し違った切り口からの論述などが魅力．ただしとても高価．
○石井秀宗　統計分析のここが知りたい――保健・看護・心理・教育系研究のまとめ方（文光堂，2005）
タイトルどおりの本で，とてもわかりやすく，よくまとめられている．しかしここまで本で学ばなければならない人が「研究」をするのかと考えさせられる．
○吉田寿夫　本当にわかりやすいすごく大切なことが書いてあるごく初歩の統計の本（北大路書房，1998）
これもタイトルどおりの本．しかしこうした種類の本に豊かな経験をもつ著者だけに，とてもよい先生が直接教えているような趣きがある．
○岩原信九郎　新訂版　教育と心理のための推計学（日本文化科学社，1965）
私たちの世代における代表的な統計の教科書．基本的にはこれにすべて書いてある．これ以上のものが本当に必要なのか，と私は今でも思っている．
○村上宣寛　「心理テスト」はウソでした（日経BP社，2005）
○村上宣寛　心理尺度のつくり方（北大路書房，2006）
心理学者ならこの2冊はひとつのものとして味わうべし．著者独特の批判的論考の中に浮かびあがるのは実にオーソドックスで良心的なテスト観である．

5. 各種の方法論

特定の方法論，研究法についての概論書を紹介する．おもに質的研究法についてのものが中心になることは，現在の方法論をめぐる状況からいってしかたのないことだろう．

○無藤 隆ほか 編　質的心理学——創造的に活用するコツ（新曜社，2004）
　日本における質的心理学の発展，日本質的心理学会の設立などの場を共有した心理学者たちによるオムニバス．質的心理学の優れた入門書になっている．
○フリック　質的研究入門——〈人間の科学〉のための方法論（小田博志ほか 訳，春秋社，2002）
○ウィリッグ　心理学のための質的研究法入門——創造的な探求に向けて（上淵 寿ほか 訳，培風館，2003）
　翻訳の質的研究入門書．どちらもよく整理されていて情報量も多く，ある程度質的研究に親しんだ人のためのマニュアル本として役に立つだろう．
○木下康仁　グラウンデッド・セオリー・アプローチ——質的実証研究の再生（弘文堂，1999）
　有効な研究法としてのグラウンデッド・セオリー・アプローチ（GTA）を日本に定着させる端緒となった本．副題がGTAの目指すものを雄弁に語っている．
○戈木クレイグヒル滋子　質的研究方法ゼミナール——グラウンデッドセオリーアプローチを学ぶ（医学書院，2005）
　正統派グラウンデッド・セオリー・アプローチを体現する著者がゼミ形式でGTAによる質的研究を指導，という本．すぐにできそうな気にさせる．
○やまだようこ 編　現場（フィールド）心理学の発想（新曜社，1997）
　心理学にとってフィールドとはなにか，再びフィールドに戻ることで心理学はどう変わるか，「現場心理学」の誕生を高らかに宣言．
○佐藤郁哉　フィールドワーク 増訂版——書を持って街へ出よう（新曜社，2006）
　心理学者がほとんど誰もフィールドワークなどやっていなかった頃からフィールドに身をおいていた「心理学者」による本．まず体から飛び込んで行くタイプ．
○箕浦康子 編　フィールドワークの技法と実際——マイクロ・エスノグラフィー入門（ミネルヴァ書房，1999）
　こちらは体より頭が先行するタイプのフィールドワーク入門書．フィールドワークや質的研究指向の中に心理学の人文社会科学性の復活が見え隠れする．
○尾見康博・伊藤哲司 編　心理学におけるフィールド研究の現場（北大路書房，2001）
○やまだようこ・サトウタツヤ・南 博文 編　カタログ現場心理学——表現の冒険（金子書房，2001）
　フィールド研究，現場（フィールド）心理学の実際の研究例，実践例を通じて心理学におけるフィールドワーク的方法の実際を伝えようとする2冊．
○クークラ　理論心理学の方法——論理・哲学的アプローチ（羽生義正 編訳，北大路書房，2005）
　「理論心理学」ということばの意味は2000年あたりを境に大きく変わった．目的も対象も，方法も大きく拡張された理論心理学の概論書．
○利島 保，生和秀敏 編　心理学のための実験マニュアル——入門から基礎・発展へ（北大路書房，1993）

「実験」という方法について，基礎的な内容から各分野における具体的な実験方法まで広範に解説された入門書．情報量もとても多い．
○心理学実験指導研究会　実験とテスト＝心理学の基礎　実習編・解説編（培風館，1985）
日本の心理学の屋台骨を支えてきた最も広く用いられてきた「心理学基礎実験」の教科書とマニュアル．誰もが習ってきた内容を再発見できる．
○末永俊郎 編　社会心理学研究入門（東京大学出版会，1987）
最も早い時期に刊行された「心理学研究のやり方についての日本語の本」だが，今読んでもよくできているし，他の多くの本に影響を与えたと思う．
○アメリカ心理学会　APA論文作成マニュアル（江藤裕之ほか 訳，医学書院，2004）
論文を書く，ということだけに特化したマニュアル本．これがあえて日本語に訳され，心理学以外の分野の研究者にも読まれていることの意味を考える．

●事項索引

ア 行

アイデンティティ 162
IPC ユリーカ 146
アクション・リサーチ 160, 174

意見分布 163
意識 56
意思決定 162
一般化（サンプルの） 10
意味の共有 78
意味の生成 119
因子分析 84
引退 133-135
インタビュー（面接法） 23, 127

ウェーバーの法則 45, 50, 53
受け手の無自覚 76, 77

援助行動 162
エンパワーメント 168

大きな効果 18
親ガイダンス 155
親乳児精神保健 155

カ 行

外言 96
介護 110, 112, 113, 119
　——の意思決定 112
　——の意味づけ 112
　——の目標 113
介護行為の継続/中止 112
介護者の負担・ストレス 111

外的精神物理学 52
回答者（質問紙調査の） 74, 75
科学革命 4
学術雑誌 4, 7
学力テスト 73
仮想世界ゲーム 162
語らいの集い 148
学会 4
カテゴリ 109
カード構造化法 98
　——の手順 99
カリキュラム 62
感覚 45
感覚生理学 46
環境配慮行動 164
関係論 86
観察 115
　自然場面の—— 115
　——の信頼性・妥当性 122
観念 34, 56
官能評価分析 91, 92
　——の測定の定式化 92

危険率（統計的検定における） 14
基準連関妥当性 82, 83, 86
基礎心理学 71
機能主義的心理学 37
Q 手法 96, 97
Q ソート 97
教育現場 93
教育心理学 91
虚偽回答 79
虚偽尺度 75
近代心理学 31, 68, 88

クライエント 140, 146

グラウンディッド（グラウンデッド）・セオリー（・アプローチ） 112, 130
グランド・デザイン 125

ケア 110, 122
　——の関係 122
　——の提供者 110, 122
経験主義 34, 35
経験的心理学 36, 41
経験的心理論 40-44
KJ 法 102
ケース研究 10
ゲーミング・シミュレーション 160
研究言語 7
研究参加者 73, 74, 87
研究者教育 8, 26
研究者言語 97
研究者社会（研究者コミュニティ） 2, 4, 24, 26, 27
研究者集団 27, 28
減算法（ドンデルスの） 54

構成概念 74, 83, 84, 86
構成概念妥当性 83, 87
行動観察 23
行動主義 28
合理的心理学 36, 41, 43
高齢者研究 109
誤差（サンプリングにおける） 15, 24
誤差変数 17
個人差尺度 22
個人差心理学 21
個人心理療法 154
個人方程式 53
悟性 37
個性ある機械 76, 86

事項索引

個体差（サンプルの） 15
古典的テスト理論 82, 86
コミットメント 165
コミュニケーション・スキル 167
コミュニケーションツール 2
コミュニティ感覚 142
コミュニティ心理学 142
固有の意味 143

サ 行

再現性（質的分析手法における） 136
サンプリング 9, 10, 18, 26

時間 20
嗜好形 92
　──評価 93
自己認知 80
自己評価 74, 75
自然科学 4, 7, 32, 39
『自然科学の形而上学的原理』 42
実験 69, 72
実験室実験 127, 162
実験心理学 9, 57, 58, 69-72
実証 72
実証研究 68, 69, 78
実証的知見 82
実践 82
　──に関する研究 139
　──を通しての研究 139
実践研究 72
質的研究 10, 26, 118
質的心理学 88, 175
質的な分析 126
質的方法 21, 22
質のよい心理臨床の実践 139
質問紙（調査） 68, 72, 74-76, 82, 113
私的言語 97, 103
社会構成主義 136
社会心理学の危機論争 124
社会調査 160

社会的望ましさ 73
尺度 22, 87
尺度研究 73
ジャーナル共同体 7, 8
収束的妥当性 83, 84
集団討議法 173
周辺変数 24
主観体験 143
授業研究 94
　──の場 92
授業の対象化 95, 96
『純粋理性批判』 43
情緒的サポート 77
消費者教育 170
症例研究 10
職業研究者 4
食事介助 115
触二点閾 48, 62
触覚研究（ウェーバーの） 45, 46
序列化 72
事例研究 19, 21, 22, 26
事例報告 26
ジレンマ 143
新心理学 58
真の値 85
人文科学 11
人文社会科学 17
信頼性 23, 73, 82, 86, 121
信頼性係数 84, 87
心理学実験室 68
心理学的実験論 41, 42
"心理学的"社会心理学 125
心理学の科学化 32, 45
心理尺度 22, 87
心理相談室 145
心理的リアクタンス 168
心理テスト 72
心理論 42
推測統計学 12, 14, 26
数量化（心理学の測定対象の） 22, 69

性格 74
性格心理学 21
性格テスト 73

性格特性 22
精神物理学 46, 52, 56, 63
精神分析療法 143
積集合 86
セキュア・ベース機能 146
セクト 28
説得的コミュニケーション 160
説得と納得の相互作用 173
説得納得ゲーム 161
節約率（エビングハウスの） 61
漸進的な仮説検証過程 154
先天盲開眼者 36
専門家 92, 174
専門家教育 91
　──と専門用語 94

総合型地域スポーツクラブ 150
相互評価 4
装置 68, 69, 72, 73, 87
測定 68, 69, 72, 86, 87
　──する心理学 89
測定誤差 81
測定道具 73
ソーシャルサポート 76

タ 行

対象化 95
態度変容 164
代表性 12, 18, 19
他者認知 80
他者評価 74, 75
多重話 161
妥当性 22, 24, 82, 86, 87
多特性・多方法行列の理論 83, 86
多特性・多方法の理論 85
多変量解析 72

地域実践心理学 152
小さな効果 18
知覚心理学 18
知識 3
　──の一般化 9

──の共有　4
──のフォーマット　5
知識伝達　173
知能研究　21
知能テスト　73, 83
丁度可知差異　51

追試　7

適応指導教室　146
適性テスト　73
テクスト（文書）化　130
テスト場面　87
データ解析　88
DEMATEL　115
伝記的な研究　19
転用可能性　164

道具的サポート　78
統計的検定　12, 14
特性論　86
特別養護老人ホーム　115

ナ　行

内言　96
内的精神物理学　52
内容妥当性　82
納得　26, 168
ナラティヴ・アナリシス　119
ナラティヴ・アプローチ　128

ネットワーク作り　150

ハ　行

媒介者　120
発達心理学　21
場面の共有　79
BALANCE 尺度　133
反応時間　53, 72

ピアレフェリー　4, 5
非言語コミュニケーション　130

微小発生観察的な方法　21
非専門家　174

分厚い記述　23, 26
不一致のパターン　77
フィードバック　75
フィールド実験　160
フィールドワーク　82
フェヒナーの法則　51, 53
フォーマット変換　22
不可能宣言　38, 41, 46, 63
物体論　42
不登校　146
ブーメラン効果　168
フリースクール　147
フリースペース　146
フレームゲーム　165
プロンプター　102
文学研究　11
分析形　92
──評価　93
文脈　16, 25
分野別学会　28

併存的妥当性　84
変化　110, 117
──の観察　121
──の測定　121
──のメカニズム　118
観察における──　118
変数（の束）　13
弁別的妥当性　83, 84

忘却曲線　61
方法（論）　1, 26, 125, 126, 139, 152
方法前史　62
母集団　9
母数　12
ポテンシャル・スペース機能　147

マ　行

『マインド』　60
無意味綴り（エビングハウスの）　62

名義尺度　73
免疫効果　168
面接データ　118

モリヌークス問題　33, 35

ヤ　行

役割演技　165

要望（説得納得ゲームにおける）　169

ラ　行

ラダーリング　113
ランダムサンプリング　12, 15, 20, 26

リアリティ　26
理解　86
理学部　8
理性主義　34, 35
量的な分析　126
理論　68, 73, 83, 124
理論心理学　70, 71
理論的概念　82
理論的サンプリング　23, 26
臨床実践　71
臨床心理学　21, 71, 72, 88
臨床心理学的地域援助　141
臨床心理士としてのアイデンティティ　151
倫理的問題　172

歴史　20, 21
歴史的存在　21
レフェリー　5

ローカルな観点　144
ロールプレイ　166

ワ　行

ワークショップ　163
和集合　86

●人名索引

ヴァルシナー（Valsiner, J.）　120
ウェーバー（Weber, E. H.）　45-49
ヴォルフ（Wolff, C.）　36, 41, 56
ヴント（Wundt, W.）　18, 31, 45, 56-58, 63
エビングハウス（Ebbinghaus, H.）　59, 60, 64
オルポート（Allport, G. W.）　19, 25
オルポート（Allport, F. H.）　125

ガーゲン（Gergen, K. J.）　124
カント（Kant, I.）　32, 38, 39, 41, 43, 63
グレーザー（Glaser, B. G.）　23, 130, 131

シェリング（Schelling, F. W. J.）　44
ジャネ（Janet, P.）　59
シュレンカー（Schlenker, B. R.）　124
ストラウス（Strauss, A.）　23, 130, 131

ティチナー（Titchner, E. B.）　62
デカルト（Descartes, R.）　32
テーテンス（Tetens, J. N.）　37, 38
デンジン（Denzin, N. K.）　130
ドンデルス（Donders, F. C.）　54

ビネ（Binet, A.）　59
フィヒテ（Fichte, J. G.）　44
フェヒナー（Fechner, G. T.）　31, 45, 49, 51, 52, 56, 57, 63
ベイン（Bain, A.）　45
ヘーゲル（Hegell, G. W. F. H.）　44
ベッセル（Bessel, F. W.）　53
ベルグソン（Bergson, H. L.）　64
ヘルバルト（Herbart, J. F.）　45, 56
ホースレイ（Horsley, A. D.）　165
ボースブーム（Borsboom, D.）　86, 87
ボーリング（Boring, E. G.）　56, 59

村瀬嘉代子　140
元良勇次郎　62
モリヌークス（Molyneux, W.）　33

リード（Reed, E. S.）　31
レイ（Leigh, E.）　173
レヴィン（Lewin, K.）　173
ロック（Locke, J.）　33

編集者略歴

渡邊芳之（わたなべよしゆき）

1962年　新潟県に生まれる
1990年　東京都立大学大学院人文科学研究科
　　　　博士課程単位取得退学
現　在　帯広畜産大学大学教育センター教授
　　　　博士（心理学）
主　著　『心理学論の誕生』（共著，北大路書房，2000）
　　　　『モード性格論』（共著，紀伊国屋書店，2005）

朝倉心理学講座1
心理学方法論　　　　　　　　　　　　定価はカバーに表示

2007年 9 月25日　初版第1刷
2009年12月10日　　　第2刷

　　　　　編集者　渡　邊　芳　之
　　　　　発行者　朝　倉　邦　造
　　　　　発行所　株式会社　朝　倉　書　店
　　　　　　　　　東京都新宿区新小川町 6-29
　　　　　　　　　郵便番号 162-8707
　　　　　　　　　電話 03 (3260) 0141
　　　　　　　　　FAX 03 (3260) 0180
　　　　　　　　　http://www.asakura.co.jp
〈検印省略〉

ⓒ 2007〈無断複写・転載を禁ず〉　　　シナノ・渡辺製本

ISBN 978-4-254-52661-5　C 3311　　Printed in Japan

●心理学のあらゆる領域の体系的かつ先端的な知見を提示●

朝倉心理学講座　全19巻

東京成徳大学 海保博之 監修

A5判　各巻190〜230頁

第 1 巻	心理学方法論	渡邊芳之 編	200頁	
第 2 巻	認知心理学	海保博之 編	192頁	本体 3400 円
第 3 巻	発達心理学	南 徹弘 編	232頁	本体 3600 円
第 4 巻	脳神経心理学	利島 保 編	208頁	本体 3400 円
第 5 巻	言語心理学	針生悦子 編	212頁	本体 3600 円
第 6 巻	感覚知覚心理学	菊地 正 編	272頁	本体 3800 円
第 7 巻	社会心理学	唐沢かおり 編	200頁	本体 3600 円
第 8 巻	教育心理学	鹿毛雅治 編	208頁	本体 3400 円
第 9 巻	臨床心理学	桑原知子 編	196頁	本体 3400 円
第 10 巻	感情心理学	鈴木直人 編	224頁	本体 3600 円
第 11 巻	文化心理学	田島信元 編	232頁	本体 3600 円
第 12 巻	環境心理学	佐古順彦 小西啓史 編	208頁	本体 3400 円
第 13 巻	産業・組織心理学	古川久敬 編	208頁	本体 3400 円
第 14 巻	ジェンダー心理学	福富 護 編	196頁	本体 3400 円
第 15 巻	高齢者心理学	権藤恭之 編	224頁	本体 3600 円
第 16 巻	思春期・青年期臨床心理学	伊藤美奈子 編	208頁	本体 3400 円
第 17 巻	対人援助の心理学	望月 昭 編	200頁	本体 3400 円
第 18 巻	犯罪心理学	越智啓太 編	196頁	本体 3400 円
第 19 巻	ストレスと健康の心理学	小杉正太郎 編	224頁	本体 3600 円

本体価格は 2009 年 11 月現在